DIE 7,7 GEHEIMNISSE DES GLÜCKS

Thomas Brezina:
Die 7,7 Geheimnisse des Glücks

Alle Rechte vorbehalten
© 2020 edition a, Wien
www.edition-a.at

Gestaltung: Isabella Starowicz
Korrektur: Cajetan Hammerl
Umschlag: Lucas Reisigl

Gesetzt in der Premiera
Gedruckt in Deutschland

1   2   3   4   5   —   24   23   22   21   20

ISBN 978-3-99001-389-2

THOMAS BREZINA

Die 7,7 Geheimnisse des Glücks

Dein Start in ein neues Leben
nach COVID-19 und überhaupt

edition a

Inhalt

Dein Start
in ein neues Leben

Bist du bereit?

*Bist du der Meinung, dass du mehr Glück
verdienst, als du bisher gehabt hast?*

Interessiert es dich, Geheimnisse zu entdecken, die helfen können, deine Wünsche zu erfüllen?

Findest du es spannend, frisch und neu ins Leben zu starten, so wie der Frühling jedes Jahr neue Farben, neues Strahlen und neue Energie bringt?

Hast du den Wunsch, deinem Leben eine Art Service zu geben, damit du dich glücklicher fühlst?

Wärst du bereit, einiges zu überdenken und dein Verhalten Schritt für Schritt zu verändern, weil das zu mehr Zufriedenheit und Ruhe führen kann?

Kannst du dir vorstellen, den neuen Start gleich JETZT durchzuführen, weil JETZT einfach besser ist als später?

Ich nehme an, du hast eine oder mehr Fragen mit Ja beantwortet, denn sonst hättest du dieses Buch nicht ausgewählt.

Das Buch ist die Sammlung von 7,7 Geheimnissen des Glücks, die ich kennengelernt und alle an mir selbst ausprobiert habe. Da sie mich weitergebracht haben und mir auch heute noch helfen, beschreibe ich sie in diesem Buch. Ich hoffe, dir damit Anregungen zu geben, wie du sie in deinem Leben umsetzen kannst.

Ich selbst bin derzeit gesund, erfolgreich und lebe in einer wunderbaren Ehe. Das sind alles Gründe für große

Dankbarkeit. Überhaupt habe ich in meinem Leben viel Schönes erleben dürfen, allerdings gab es auch dunkle, verzweifelte Zeiten, in denen ich alles andere als glücklich war und sogar dachte, nie wieder so etwas wie Lebensglück erleben zu können.

Mein Leben war eine Achterbahnfahrt und ist es nach wie vor. Vorbeugend, für turbulente Zeiten, habe ich mich mit den Geheimnissen des Glücks beschäftigt. In den »guten« Zeiten ist es einfacher, die Theorie zu lernen, um sie in den schweren Zeiten praktisch umzusetzen.

*Seit ich die 7,7 Geheimnisse kenne und
anwende, mache ich die Achterbahnfahrt des
Lebens mit einem breiten Lächeln im Gesicht mit
und strecke oft übermütig die Arme in die Höhe.*

Auch wenn es mich gehörig in den Kurven schleudert, fühle ich mich sicherer. Steile Fahrten nach unten jagen mir weniger Angst ein und die Fahrten nach oben genieße ich mehr.

Vor allem aber, und das ist vielleicht das Wichtigste: Es ist meine Fahrt, die ich mir ausgesucht habe, weil mir die Richtung gefällt. Ich habe die Verantwortung übernommen, in welchem Waggon ich sitze. Meine Fahrt hat – anders als bei einer Achterbahn auf dem Rummelplatz – ein Ziel, das ich festgelegt habe.

Der Start in ein neues Leben ist kein einmaliges Ereignis

Wenn ich zurückdenke, so habe ich im Laufe der Jahre mindestens schon sechs Starts gemacht. Immer hatten sie mit äußeren Veränderungen zu tun, auf die ich reagieren musste. Es galt, aus neuen Situationen das Beste zu machen.

Vielleicht fragst du dich, wieso ich von 7,7 Geheimnissen spreche und nicht sieben oder acht? Die Erklärung kommt erst am Ende des Buches, wenn das 7,7. Geheimnis an der Reihe ist. Es wäre gut, wenn du es schaffst, nicht vorzeitig nachzulesen. Wenn du es trotzdem tust, dann habe ich drei »Brems-Seiten« eingebaut, die dich aufhalten sollen.

Wir alle haben eine Wende im Leben und unseres Zeitalters erlebt, die jeden einzelnen von uns aus der gewohnten Bahn geworfen hat. Damit meine ich natürlich die Corona-Krise, oder COVID-19, wie das Virus auch genannt wird.

Innerhalb von Wochen und Tagen war unser Leben völlig verändert. Die Welt ist in eine Notlage geraten, wie sie in den vergangenen 75 Jahren nicht mehr vorgekommen ist.

Auf einmal nur noch zu Hause zu sitzen, keine Besuche bei anderen machen zu können, ohne Café, Bar, Restaurant, Kino, Theater und Konzert waren wir auf einmal nur noch auf uns, unsere engste Umgebung und die Menschen, die mit uns leben, beschränkt.

Jedem hat die Krise auf die eine oder andere Weise zugesetzt. Am schlimmsten waren natürlich die Krankheit selbst, die Todesfälle und die wirtschaftlichen Konsequenzen, Jobverlust, Geldknappheit, Zukunftsangst. Vorhaben und Träume sind geplatzt wie Seifenblasen. Geplante Reisen wurden gestrichen, Hochzeiten und andere Feste abgesagt. Abschlussprüfungen mussten verschoben werden. Völlig allein zu Hause zu sein wurde für einige zu einer harten Prüfung.

Es gibt den Spruch: Jede Krise bringt eine Chance. Grundsätzlich denke ich, dass wir nicht jedes Mal eine Krise brauchen, um etwas zu verändern und zu verbessern. Aber wenn sie nun schon einmal geschehen ist, gilt es das Beste daraus zu machen.

Wir alle wurden in eine Extremsituation gestürzt und vor harte Proben gestellt. Wir konnten mehr über uns selbst erfahren, aber auch über die Menschen rund um uns.

Für einige, ich nehme an, du gehörst dazu, stellen sich nun grundsätzliche Fragen:

Wie will ich weiterleben? Genau so wie bisher?

War ich bisher zufrieden mit meinem Leben?

Oder wollte ich schon lange etwas verändern?

Fühle ich mich zu einem Großteil der Zeit glücklich?

Wenn nicht, wie kann ich das Leben glücklicher gestalten?

Auch mir sind diese Fragen im Frühling des Jahres 2020 eingefallen. Es sind bereits mehrere Ideen für mich persönlich entstanden, die ich umsetzen möchte.

Das einzige Fixe im Leben ist die Veränderung

Ob es uns gefällt oder nicht, ob wir es wollen, oder nicht, es ist nun einmal so. Nichts bleibt gleich, alles ist im Fluss. Wir können die Zeit nicht einfrieren und nichts festhalten. Wer es versucht, verliert dabei viel Kraft.

*Glücklicher leben zu wollen hat nichts mit Gier
zu tun, sondern ist ein Umgang mit inneren und
äußeren Anforderungen, die sich ständig wandeln.*

Selbst die besten Beziehungen zwischen Menschen brauchen immer wieder eine kleine Überprüfung und Nachjustierung, damit sie stark und harmonisch bleiben. Das ist natürlich. Zwei Partner verändern sich, Interessen fallen weg, neue kommen dazu, neue Wünsche entstehen, andere werden abgelegt, weil sei keine Bedeutung mehr haben.

Die Corona-Krise war eine Zeit, die unser Inneres und unsere Sehnsüchte und Ansichten gründlich durcheinandergewirbelt haben kann. Das ist vielleicht verwirrend, aber nicht schlecht.

Wenn in einem Zimmer alle Sachen immer am selben Fleck stehen und liegen, gewöhnen wir uns an den Anblick. Es fällt uns weder der Staub in den Ecken auf, noch die Scharten und Kratzer auf den Möbeln. Der Raum kann uns langweilig vorkommen. Wir halten uns nicht mehr gerne darin auf. Aber schon ein Umstellen der Einrichtung, ein gründliches Ausmisten und ein paar neue Kleinigkeiten können dasselbe Zimmer frisch und gemütlich erscheinen lassen.

So ist es auch mit unseren Gefühlen von Glück und Wohlbefinden. Es ist immer eine gute Zeit, sich darum zu kümmern und zu sehen, wie sie verstärkt werden können.

Glück im Leben sind im seltensten Fall die überraschenden Ereignisse, die Zufälle, die uns etwas bringen, das wir gerne haben.

Das wahre Glück besteht darin, zu wissen, wie du dich selbst glücklicher machen kannst und genauso die Menschen rund um dich. Glück in die Welt zu strahlen und zu bringen ist eine der wichtigsten Aufgaben, die wir haben.

Die Krise, die wir erlebt haben, kann der Anlass sein, dein Leben zu verändern. Allerdings gibt es auch andere Wendepunkte, an denen man diesen starken Wunsch verspürt, etwas für sich zu tun. Wer diesen Wunsch ernst nimmt, der ist offen und bereit für Neues, das zu mehr Glück führen kann.

Mut zum Gestalten

Es ist mein tiefer Glaube, dass jeder sein Leben immer wieder von neuem in die Hand nehmen und glücklicher gestalten kann.

Kleine Warnung: Es ist nicht immer einfach.

Es sind auch Anstrengungen nötig, Aufmerksamkeit und der Wille zu trainieren.

Aber es lohnt sich. Der Erfolg stellt sich manchmal nach Stunden ein, manchmal dauert es Tage, auch Wochen und Monate, aber ich kenne niemanden, der keine Veränderung gespürt hat.

Die Anwendung der 7,7 Geheimnisse des Glücks hat einen großen Vorteil: Sie ist mit Lust und Freude verbunden und wird zu Wohlbefinden führen. Schmerzen sind allerhöchstens wie Geburtsschmerzen zu befürchten.

*Alles Gute beim Start
in dein neues Leben.*

Du schaffst es!

Bewerte dein Glück

Bewerte, wie glücklich sich dein Leben anfühlt.

Achtung:
Diese Bewertung bitte nicht an einem Tag vornehmen,
den du streichen möchtest, weil er nicht gut gelaufen ist.

Wenn du ein bisschen Ruhe hast, überlege, wie die Dinge in deinem Leben so stehen.

Wie ist dein Leben bisher verlaufen?

Wie empfindest du es derzeit?

Wie fühlen sich deine Wünsche und Pläne für die Zukunft an?

Welche Wertung würdest du abgeben?

Es soll eine Note zwischen 0 und 10 sein, wobei 10 die Bestnote ist.

Notiere dir den Wert, der dir für dein Leben richtig erscheint.

Später mehr zu dieser Note.

Das erste Geheimnis

Frustriere nicht die gute Fee

Es kann einmal sein…

Stell dir vor, es kommt die gute Fee zu dir.

Oder ein Lampengeist, wenn dir männlicher Besuch lieber wäre.

Gute Feen sehen heute anders aus als im Märchen. Sie sind weder rundlich und großmütterlich, wie in Aschenputtel, noch tragen sie weiße Kleider und sind von glitzernden Sternchen umweht.

Die moderne gute Fee fragt auch nicht hauchend nach unseren Wünschen und verzichtet auf einen silbernen Zauberstab.

Meine Vorstellung von einer guten Fee unserer Zeit ist: Siglinda, die sexy Smartphone-Fee.

Oder Mr G., der Geist, der aus dem Laptop kommt.

Siglinda hat da dieses unwiderstehliche Lächeln und dazu sinnliche Lippen. Mr G. macht an die hundert Liegestütz am Tag, was an seinem Oberkörper deutlich zu erkennen ist. (Er ist aber auch nicht zu muskulös, denn sonst holt man sich bei einer Umarmung nur blaue Flecken.)

Wenn du dein Handy nimmst, ist sie plötzlich auf dem Bildschirm: Siglinda, die sexy Smartphone-Fee. Oder du klappst den Laptop auf und heraus quillt Mr G. Beide halten sich nicht mit langen Begrüßungen oder Einleitungen auf, sondern sagen schlicht und einfach:

Du hast 66 Sekunden Zeit.

Nenne drei Wünsche.

Die Bedingung: Dein Wunsch muss dich nachhaltig und für mindestens drei Jahre glücklich machen.

Die Zeit läuft ab jetzt.
Was sind deine drei Wünsche?

Du hast nur 66 Sekunden Zeit, sie zu nennen.

Sie müssen dich mindestens drei Jahre lang wirklich glücklich machen.

Jetzt ganz ehrlich!

Sind dir in 66 Sekunden drei Sachen eingefallen, die du unbedingt möchtest und die dich mindestens drei Jahre lang glücklich machen werden?

Wenn du das geschafft hast, Gratulation. Aber sieh dir die Wünsche vorher zur Sicherheit noch einmal genau an.

Wenn sie in Erfüllung gehen, werden sie dich in tausend Tagen noch immer erfreuen? So stark wie am ersten Tag, oder zumindest halb so stark?

Wenn du auch diese Fragen mit Ja beantworten kannst, Gratulation, du gehörst zu einer Minderheit auf dieser Erde, die schon viel über sich, das Leben, die eigenen Bedürfnisse und Gefühle nachgedacht hat.

Solltest du es aber in 66 Sekunden nicht geschafft haben, drei Wünsche zu formulieren, die den Bedingungen entsprechen, dann könnte das so eine sexy Smartphone-Fee oder einen Geist aus dem Laptop schon ein wenig frustrieren. Die beiden kommen zu uns, weil sie uns nachhaltig glücklich machen wollen und wir schaffen es nicht einmal, drei Wünsche zu nennen.

Allerdings halte ich es für mehr als menschlich und normal, sich von dieser Frage und der kurzen Zeit zu entscheiden und zu antworten etwas überfordert zu fühlen.

Es ist deshalb von größter Wichtigkeit, in Ruhe darüber nachzudenken, was dich auf längere Zeit wirklich glücklich machen kann!

Sehr interessant ist es, die Frage im Freundeskreis zu stellen und die Antworten zu hören. Vor allem die Bedingung, dass der erfüllte Wunsch mindestens drei Jahre lang erfreuen muss, wird die meisten in heftiges Grübeln und möglicherweise auch Herumstottern bringen.

Im Gegenzug kannst du dich und andere fragen: »Was macht dich unglücklich?«

Ich wette, in diesem Fall werden die Antworten nur so heraussprudeln. Auch das ist menschlich und natürlich.

Was also kann für mindestens drei Jahre ein Leben erfüllen und wirklich das Gefühl von Glück geben? Damit ist nicht ein Dauerjauchzen gemeint und auch kein Marathon-Freudentanz. Glück bedeutet nicht endloser Jubel, sondern eine große Portion an Lebensfreude und Zufriedenheit, durchmischt mit dem Gefühl von Erfüllung.

Neid und Herzenswunsch

Bestimmt hast du Folgendes schon erlebt: Es gibt etwas, das du dir sehr wünscht. Zum Beispiel ein neues Paar Schuhe, eine spezielle Jacke, eine Tasche, ein Handy, ein Motorrad, ein Auto oder was auch immer.

Es ist ein durchaus angenehmes Gefühl, die Sachen im Schaufenster oder auf einer Webpage zu sehen. Nicht so angenehm ist es, die Sachen in den Händen oder am Körper von anderen zu sehen, denn da meldet sich mit leichtem Nagen der Neid.

Die Sprache des Neides klingt ungefähr so: »Auch haben wollen. Haben, haben, haben. Nur happy, wenn hab, hab, hab.«

Wenn sich das für dich etwas bescheuert anhört, dann ist das gut so. Es soll dich immer daran erinnern, Neid bleiben zu lassen.

Neid ist sehr weit verbreitet und
menschlich, gleichzeitig aber auch so
nutzlos, dass es schlimmer nicht geht.

Neid soll sich schlecht auf die Galle auswirken, woher die Redensart »Gelb vor Neid« angeblich kommt.

Auch sonst bringt er einem herzlich wenig, außer Magenschmerzen, einem verkniffenen Mund und trüben Augen, weil sie den Anblick der geneideten Dinge nicht ertragen.

Eine treffende Definition von Neid lautet: »Ich will unbedingt, was jemand anderer hat, aber ich will nicht das gleiche dafür tun.«

Die besten Ausreden für Neid sind: Der oder diejenige hat Glück gehabt. Oder das Ding ist nicht redlich erworben. Oder jemand hat den Erfolg nicht verdient. Oder der Erfolg ist in den Schoß gefallen. Oder man selbst kann das nicht schaffen, da die reichen Eltern fehlen. Und so weiter.

Neid beiseite, zurück zum Wünschen. Wenn unsere Augen etwas entdeckt haben und dieses brennende Verlangen nach Besitz eingesetzt hat, beginnt eine gar nicht so schlechte Zeit. Es ist die Zeit des Planens, des Sparens, der Vorfreude, des Vorstellens, wie es sein wird, wenn unser Wunsch in Erfüllung gegangen ist.

Das trifft nicht nur auf Gegenstände zu. Es kann der Wunsch nach einer Beziehung sein, nach einer beruflichen Position oder einem neuen Wohnort.

Eine Redensart besagt: Vorfreude ist die schönste Freude.

Denk an Weihnachten. Dieses Fest ist oft Beweis dafür. Die Vorbereitungen im Advent, die Vorfreude auf den Weihnachtsabend, das Weihnachtsessen und die Feiertage, kann ein Genuss sein.

Weihnachten selbst gerät in manchen Familien regelmäßig zu einem Desaster mit Streit, Heulen, verbranntem Essen, Enttäuschung und Verzweiflung. Die Freude davor war wesentlich größer, die Erwartungen aber viel zu hoch. Deshalb kann die Freude, wenn das Fest endlich gekommen ist, niemals das Ausmaß der Erwartung erreichen. Es herrscht zu viel Anspannung, außerdem stehen viel zu viele Annahmen im Weg, wie sich die Familienmitglieder verhalten sollten.

Damit will ich aber nicht sagen, dass Weihnachten nicht auch wunderschön, harmonisch und friedlich sein kann. Das ist nicht nur möglich, sondern auch oft der Fall. Es kann eine Zeit sein, die alle Teilnehmer als glücklich oder beglückend bezeichnen. Ich habe das alles nur als Beispiel erzählt, dass große Vorfreude nicht zwingend zu großem Glück führen muss.

Der Wunsch nach einem Hund ist auch ein gutes Beispiel für Traum und Wirklichkeit und für Freude, die eine steile Kurve nach unten nehmen kann.

Zuerst ist da der Wunsch. Meistens gibt es dann viele Gespräche und Überlegungen, welche Art von Hund es sein soll. Endlich ist eine Entscheidung getroffen. Der Hund zieht ein. Vielleicht als süßer Welpe oder als Hund, der aus dem Tierheim kommt und einen neuen Platz gefunden hat.

Die erste Ausstattung zu besorgen wird zum gemeinschaftlichen Erlebnis. Die ersten Spaziergänge auch. Die ersten Tage sind ein Abenteuer und der Trubel, wenn die Familie und der gesamte Freundeskreis zum Ansehen kommen, macht Spaß.

Aber dann kommt der Alltag: Spaziergänge bei strömendem Regen, Pfützen in der Wohnung, Futter, das nicht vertragen und erbrochen wird. Der Urlaub steht bevor, aber wohin mit dem Tier?

Ein Hund kann ein Leben lang Freude bereiten, aber es ist eine Freude, die auch zahlreiche Einschränkungen der persönlichen Freiheit und große Verantwortung mit sich bringt. An die Freude ist einiges an Problemen gebunden, dazu Schmutz im Haus und Erziehungsthemen, wie Sturheit, Kampfeslust mit anderen Vierbeinern, lautes Bellen oder zerbissene Kabel, Tischbeine und Teppichkanten.

Wer trotz aller Herausforderungen die Freude an seinem Gefährten auf vier Pfoten all die Jahre bewahrt, für den war er wirklich ein Herzenswunsch. Das Glück des Lebens mit dem Hausgenossen wird von Monat zu Monat und von Jahr zu Jahr noch größer und tiefer werden. Der Hund ist ein Herzenswunsch.

Wirklich wichtige Wünsche kommen aus dem Herzen, von dort, wo tiefe Gefühle zu Hause sind.

Manche Wünsche kommen aus dem Kopf und werden dort aus unterschiedlichen Gründen geboren. Oft haben sie mit Besitzgier oder Status zu tun. Es geht um Dinge, die jemand anderer besitzt und die man deshalb unbedingt auch haben will. Es kann ein Auto sein, das größer sein muss als das der Nachbarn, oder eine Markentasche, mit der eine Kollegin angibt. Eine Freundin von mir wollte unbedingt Tauchen lernen, um ihrer Schwester zu beweisen, dass sie sich das traut. Bekannte sind mit Rucksack zu Fuß durch Thailand getrampt, »weil man das vor dem fünfzigsten Geburtstag machen soll.« Später haben sie alle nicht gerade mit Begeisterung von ihren Erfahrungen erzählt.

Wünsche, die auf diese Weise entstehen, machen in den seltensten Fällen glücklich. Schon gar nicht auf längere Zeit.

Immer wieder höre ich von Menschen, wie gerne sie eine Partnerin oder einen Partner haben möchten. Einige der Begründungen lauten: »Damit ich nicht mehr allein bin. Damit ich mich anlehnen kann. Damit ich jemandem zum Reden habe. Damit ich geliebt werde.«

Von Herzen kommen alle diese Gründe nicht. Denn das Herz möchte schlicht und einfach jemanden lieben. Der Verstand sollte allerdings eingesetzt werden, um die Spielregeln zu gestalten, damit das Miteinander erfüllt und fröhlich sein kann. Der Kopf kann die verschiedenen Hürden und praktischen Themen bearbeiten, die ein Zusammenleben bringt. Ohne herzlicher Verbundenheit aber ist eine Beziehung eine Zweckgemeinschaft, die auf schwachen Beinen steht.

Der Wunsch nach einer wunderbaren Beziehung, einem harmonischen Zusammenleben oder einer Ehe, einer Familie mit Kindern, ist sehr verständlich. Auf Dauer glücklich macht die Erfüllung dieses Wunsches, wenn wir alle Konsequenzen sehr genau beachten, die uns erwarten.

Aus eigener Erfahrung kann ich berichten, wie sehnlichst ich einen neuen Partner wollte. Ich habe gesucht (nicht sehr erfolgreich), ich habe mich im Gefühl der Einsamkeit gesuhlt, wie ein Ferkel im Schlamm, ich habe allen die Ohren vollgejammert und mir auch sehr leidgetan. Zu einem Teil sicherlich zurecht, denn ich bin kein Mensch, der gerne allein durchs Leben geht.

Schließlich habe ich einen neuen Partner gefunden, als ich aufgehört hatte, zu suchen. Das Leben hat ihn mir gebracht und er hat sogar ums Eck gewohnt.

Aber...

Sei vorsichtig, was du dir wünscht. Es könnte in Erfüllung gehen.

Mir ist das passiert. Nach Jahren des Alleinseins und der Traurigkeit war endlich die neue Liebe da.

Die Freude war groß. Aber nach einigen Wochen habe ich eine leichte Sehnsucht nach der Freiheit festgestellt, die ich alleine genossen hatte. Erst jetzt, als ich wieder zu zweit war, ist mir aufgefallen, wie angenehm es war, keinem Auskunft über meine Pläne zu geben, jederzeit überall hingehen zu können, nach Hause zu kommen, wann ich wollte und spontan unternehmen zu können, was mir gerade in den Sinn kam. Im Moment, als ich also wieder gebunden war, wollte ich auf einmal wieder mehr allein sein.

Das Zusammenleben, das ich mir so sehr gewünscht hatte, war in den ersten eineinhalb Jahren eine Herausforderung und nur teilweise romantisch. Trotzdem hat es mich sehr glücklich gemacht, dass dieser Wunsch in Erfüllung gegangen ist. Ich wage zu sagen, dass mein Mann es ebenso empfindet. Allerdings haben wir viel Kraft und Geduld aufgewendet, um uns das Leben richtig gut einzurichten. Wir mussten beide auf manches verzichten, einander verstehen lernen und vor allem aufhören, den anderen verändern zu wollen und stattdessen an uns selbst zu arbeiten. Zusammen sind wir zweifellos glücklicher als allein, was aber nicht bedeutet, dass wir einander brauchen oder aneinander kleben. Jeder von uns schafft es gut, sein Leben zu gestalten. Was uns tief verbindet, ist unsere Ehe und die gemeinsame Zeit, die wir so schön wie möglich gestalten.

Freunde von mir klagen öfter, dass die Anfangszeit mit der neuen Liebe so wunderschön war und die Schmetterlinge im Bauch unvergesslich. Nun aber sei der Alltag eingekehrt, der alles zerstört. Die Verliebtheit ist abgeflaut und ein Auge sucht schon nach dem neuen Kribbeln hinter der nächsten Ecke. Außerdem könnte eine andere Partnerin oder ein Partner vielleicht noch mehr der Wünsche abdecken, die man hat.

Stolpersteine beim Wünschen

Manche Wünsche sind stark, so lange sie nicht in Erfüllung gegangen sind.

Manche stellen sich als Enttäuschung heraus, wenn man der Realität ins Auge sehen muss.

Manche Wünsche, wenn sie erfüllt worden sind, verblassen nach und nach wie schlechte Farbe im Sonnenlicht.

Manche Wünsche sind, wenn sie in Erfüllung gehen, bald Alltag und Gewohnheit und die Sehnsucht danach ist verschwunden. Es stellt sich heraus, dass die Sehnsucht das größere Glücksgefühl erzeugt hat, als der Traum, der nun Wirklichkeit geworden ist.

Was wir uns wünschen hat also öfters ein Verfalls- oder Ablaufdatum. Von der großen Begeisterung ist nur noch ein müdes Lächeln oder die Bezeichnung »ganz nett« geblieben. Schon meldet sich der nächste Wunsch und der wird ganz sicher glücklich machen. Bestimmt länger als der vorige.

Drei Wünsche, die sicherlich mindestens drei Jahre glücklich machen. Was könnte das sein? Bist du noch immer unentschlossen oder ratlos? Kein Problem.

Dating-App für Wünsche

Siglinda, die sexy Smartphone-Fee und Mr G. setzen bei Menschen wie dir etwas ein, das Ähnlichkeit mit Tinder hat.

Zur Erklärung, falls jemand Tinder nicht kennt: Es handelt sich um eine Dating-App, die Fotos und kurze Profile von Leuten anzeigt. Wer nicht zusagt, wird nach links auf dem Handybildschirm weggewischt. Wer aber gefällt, der wird nach rechts gewischt.

Der Gag dieser App: Wenn die andere Person dein Foto sympathisch gefunden und auch nach rechts befördert hat, so gibt es eine Übereinstimmung und »Pling!«, schon wird ein Kontakt hergestellt. Das flirtende Tippen und Texten kann beginnen.

Stell dir vor, Siglinda und Mr G. setzen eine Art »Wunsch-Tinder« ein, um ratlosen und unentschlossenen Menschen ein wenig weiterzuhelfen.

Gute Feen und Geister, die Wünsche erfüllen, brauchen Erfolgserlebnisse. Sonst kommen sie am Abend nach Hause und auf die Frage: »Na, Schatz, wie war es heute so in der Arbeit?«, können sie nur antworten: »Keinen einzigen Wunsch erfüllt. Diese Menschen gehen mir so etwas von auf den Geist!«

Das will doch keiner. Also wird »Wunsch-Tinder« eingesetzt. Es werden jetzt verschiedene Bilder und Worte gezeigt, die mögliche Wünsche sein könnten. Bei Gefallen musst du dann nur nach rechts wischen.

Der Wunsch nach Geld

Wie viel soll es sein? 10.000 Euro? 100.000 Euro? Eine Million? Zehn Millionen? Oder wie heißt es so schön in der Werbung: Reicher als reich?

Etwas möchte ich festhalten: Ohne finanzielle Engpässe lebt es sich eindeutig besser und leichter. Das ist unbestritten. Jeden Monat alles bezahlen und sich immer wieder etwas Schönes leisten zu können, macht das Leben selbstverständlich angenehmer.

Mein kluger Vater hat zum Thema Geld zwei Weisheiten gehabt, die ich immer im Gedächtnis behalte:

Nimm keine Arbeit nur aus dem Grund,
weil du damit viel Geld verdienst.
Das ist der Weg zum Unglück.

Wenn du die Wahl hast, welche Stelle du antrittst, dann immer die, wo du mehr Begeisterung spürst.

Der größte Luxus heute sind Platz und Zeit.

Es ist eben angenehm, sich ein paar Quadratmeter mehr leisten zu können. Außerdem ist es angenehm, nicht alles selbst machen zu müssen, sondern für manche Tätigkeiten jemanden bezahlen zu können. Das bringt nämlich Zeit.

Natürlich kostet dieser Luxus etwas. Das Geld dafür zu besitzen, ist eine Erleichterung. Darüber brauchen wir nicht zu diskutieren. Aber wie hoch soll der Geldwunsch sein? Wann kann es hier eine Wunsch-Tinder-Übereinstimmung geben? Was willst du und was will dich, weil es gut für dich ist?

Gleich vorweg: Es gibt keine Grundregel dafür. Jedenfalls ist mir keine bekannt.

Geld ist ein Tauschmittel. Es ist entweder eine Zahl auf dem Konto, oder Papier und Metall in der Geldtasche.

Geld allein macht nicht einmal Dagobert
Duck glücklich, wenn er darin badet.

Geld kann helfen, einiges für die Lebensqualität zu tun: Gutes Obst und Gemüse kaufen, biologisch angebaut. Ein schönes Fahrrad für Bewegung, gute Laufschuhe, die die Gelenke schonen, vielleicht eine Mitgliedschaft in einem Fitnesscenter, oder Stunden mit einem Yogaprofi. Erholsame Urlaube, eine Kur, eine gemütliche Wohnung, vielleicht ein Häuschen im Grünen, das alles kann man sich mit Geld kaufen.

Wenn du Milliardär bist und schwer erkrankst, kann dir dein ganzes Geld aber auch nicht helfen. Steve Jobs, der Begründer von Apple, ist ein Beispiel dafür. Er starb mit nur 56 Jahren und hinterließ ein Vermögen von acht Milliarden Dollar. Bestimmt hat er sich die besten Ärzte geleistet, die er – seiner Meinung nach – finden konnte. Aber leider hatte das Schicksal für ihn anderes vorgesehen und er konnte nicht geheilt werden.

Nach allem, was ich über ihn lesen konnte, muss er von seinen Ideen und Visionen besessen gewesen sein. Zu erleben, wie seine Ideen Gestalt annahmen und aus dem Leben von Millionen von Menschen kaum wegzudenken sind, hat ihn innerlich reich gemacht. Das Geld war eine Begleiterscheinung, die ihm half, immer mehr seiner Visionen umzusetzen.

Das Schicksal von Lottogewinnern verläuft selten gut. Einige sind schon kurz nach dem Gewinn bankrott. Sie haben einfach nur ausgegeben, gekauft und angehäuft, sich dabei aber übernommen. Einige verlieren »Freunde« und Familienmitglieder, weil sie in deren Augen nicht »großzügig« genug sind. Oder sie sind so großzügig, dass das Geld ebenfalls bald fort ist.

Mir wurde von einem Lottogewinner erzählt, der sich ein Haus gebaut hat und aus lauter Panik, er könnte überfallen werden, ist das Teuerste daran eine Alarmanlage und eine Videoüberwachung, die von Fort Knox stammen könnte (dort lagern die Goldreserven der USA). Statt den Gewinn zu genießen, fühlt sich dieser Mensch ständig verfolgt und in Gefahr.

Berater von Lottogesellschaften, die versuchen, Gewinnern zu helfen ein glückliches Leben zu leben, erzählen, dass die Menschen, die in ihrem ursprünglichen Job bleiben, sich aber einige Annehmlichkeiten leisten, mit Abstand am glücklichsten durch das Geld werden.

Ich selbst kenne jemanden, den jeder als wirklich reich bezeichnen würde. Sein Vater hat ihm und anderen Familienmitgliedern vor vielen Jahren viele hundert Millionen Dollar hinterlassen. Allerdings hat dieser Vater testamentarisch verfügt: Geld gibt es nur, so lange gearbeitet wird.

Der Mann besitzt auf einer Insel, die als Steuerparadies gilt, ein Anwesen, das die Größe eines kleinen Dorfes hat. Er wohnt am Meer und an seinem Steg liegen mindestens zehn Motorboote und Yachten vertäut. Als mir mein Bekannter einmal seine größte und schönste Yacht vorgeführt hat und wir damit zu einer Nachbarinsel gefahren sind, hat er die halbe Fahrt nur von der nächsten Yacht erzählt, die er gerade in Auftrag gibt. Sie wird dann endlich wirklich seine Wünsche erfüllen.

In London bin ich mit meinem Bekannten einmal zu einem Begräbnis gefahren. Wir kamen durch eine noble Gegend, die er mir so beschrieben hat: Hier wohnen die wirklich reichen Leute.

Das sagt ein Mann mit zehn Booten, der mit seiner Frau einfach nur so nach Paris fliegen kann, weil sie dort einen Mantel bei einem Designer gesehen hat, den sie unbedingt haben muss.

Die Größe des Vermögens ist also nicht der Glücksfaktor. Es geht um die Dinge und Erlebnisse, die man mit dem Geld im eigenen Leben und im Leben anderer verwirklichen kann.

Eines möchte ich aber an dieser Stelle unbedingt festhalten: Geld ist nicht schlecht und keinem steht es zu, die Nase zu rümpfen, wenn sich jemand Geld wünscht.

Die weltweite Corona-Krise hat die Wirtschaft in allen Ländern schwer erschüttert und viele Leute arbeitslos gemacht. Unternehmen, egal welcher Größe, sind in Schwierigkeiten geraten. Es ist ein mehr als berechtigter Wunsch, sich Geld und finanzielle Sicherheit zu wünschen.

Wie hoch aber sollte der Betrag sein, den man sich wünscht?

Statt über die Anzahl der Nullen nachzudenken, die die Zahl auf dem Konto haben sollte, ist es doch auch möglich sich zu überlegen, was mit dem Geld zu tun wäre und auf welche Weise es das Leben erleichtern, verbessern und verschönern könnte. Um was geht es genau?

Was ist alles zu bezahlen? Womit möchte ich mich und andere verwöhnen? Welchen Sicherheitspolster an Geld hätte ich gerne für die Zukunft? Daraus kann sich eine Summe ergeben, die als Anhaltspunkt dient.

Wer sich in der angenehmen Lage befindet, finanziell recht sicher aufgestellt zu sein, trotzdem aber gerne mehr Geld hätte, für den gilt weiter die Frage: Wie viel Geld macht mindestens drei Jahre glücklich? Was soll mit dem Geld geschehen? Und bist du in der Lage, mit den unerwünschten Nebenwirkungen fertig zu werden, die es mit sich bringen kann? Wer das nicht schafft, würde natürlich die Fee oder den guten Geist heftig frustrieren, weil sie den Wunsch annullieren müssten. So besagen das die Regeln.

Was also kannst du dir sonst noch wünschen, das mindestens drei Jahre lang glücklich macht?

Berufswünsche

Weitere Vorschläge des Wunsch-Tinders könnten eine neue Stelle sein, weil du deine verloren hast. Soll es dann die gleiche Branche sein oder willst du etwas Neues versuchen?

Wunsch-Tinder kann dir verschiedene Tätigkeiten zeigen, welche würdest du nach rechts wischen? Meinst du, dass dich diese Tätigkeiten genauso gerne hätten, weil sie deinen Fähigkeiten und Talenten entsprechen?

Hast du weiter deine Arbeit, könnte Wunsch-Tinder eine große Karriere in deinem Traumberuf vorschlagen? Ganz besonders, wenn man erst auf der untersten Sprosse der beruflichen Leiter steht, ist der Wunsch, so schnell wie möglich nach oben zu kommen, oft groß. Chefs und Chefinnen können wunderbar sein, aber auch sehr nervend. Das wissen einige aus eigener Erfahrung. Außerdem sind die Aufgaben höher oben in leitenden Funktionen sicherlich spannender als die Arbeit in Büros. Eine Firma zu besitzen muss doch befriedigender sein, als einer von vielen Angestellten zu sein.

Das kann in vielen Fällen stimmen. Aber wieder heißt es vorsichtig zu sein, was man sich da wünscht: Mehr Macht und mehr Freiheit bringt auch mehr Verantwortung (du willst doch keiner von denen sein, die Unternehmen und tausende Menschen ins Unglück stürzen). Spitzenmanager oder Anwälte leiden nicht selten unter Schlafmangel und Stresssymptomen, die krank machen.

Sie arbeiten bis zu zwanzig Stunden am Tag und sehen wenig von ihren Familien.

Wer sich also eine Spitzenfunktion wünscht oder ein großes Unternehmen, der sollte nur wissen, dass diese Begleiterscheinungen eintreten können. Sie müssen aber nicht kommen.

Es ist nicht mein Ziel, dir alle deine Wünsche madig zu machen. Ganz im Gegenteil. Es geht darum, die sexy Smartphone-Fee oder Mr G. mit den breiten Schultern nicht zu frustrieren. Sie sind gekommen, um dich glücklich zu machen, aber du musst ihnen sehr präzise sagen können, was du wirklich und aus tiefstem Herzen möchtest.

Verschönerung, wie wär's damit?

Ein Wunsch kann natürlich dich selbst betreffen. Vielleicht gefällt dir etwas an deinem Körper nicht oder an deiner Persönlichkeit. Eine Freundin kam eines Tages zu einem gemeinsamen Essen mit anderen Freunden, hat in die Runde geblickt und strahlend gefragt, ob wir die Veränderung an ihr erkennen.

Wir alle waren ein wenig ratlos, weil uns nicht wirklich etwas aufgefallen ist. Es war etwas anders an ihr, aber es fiel niemandem als Verbesserung auf. So wurde gemutmaßt, ob es sich um eine neue Frisur handelte oder eine andere Haarfarbe. Manche haben auf neue Kleidung getippt, ein Scherzbold sogar auf eine Verkleinerung ihrer Ohren.

Wir haben unsere Freundin sehr enttäuscht und schließlich gab sie uns die Auflösung: Sie hatte ein Muttermal von ihrem Kinn entfernen lassen.

»Deinen Schönheitsfleck?«, hat ein Frau in unserer Runde erstaunt gerufen.

»Ich habe den Fleck gehasst. Seit ich ein kleines Mädchen war habe ich mir gewünscht, ihn endlich los zu sein«, kam als sehr emotionelle Erklärung.

Im Stillen dachten wir alle das gleiche: Das Muttermal hat zum Gesicht unserer Freundin dazugehört. Es fehlte jetzt sogar. Da es nicht bösartig war, hatte keine Notwendigkeit für eine Entfernung bestanden.

Ein lieber Freund von mir hat gestanden, sich Haare auf die fliehende Stirn verpflanzen zu lassen. In meinen Augen war diese Stirn Teil seiner Kopfform und ich konnte nicht verstehen, wieso er sich die Tortur einer Haarverpflanzung antun wollte, um den Haaransatz wieder weiter nach vorne zu bekommen. Für ihn war es ein großer Wunsch.

Veränderungen im Gesicht, Lifting also, erscheinen manchen Frauen (und auch Männern) ab einem gewissen Alter als sehr wichtig und nötig. Daran ist nichts zu kritisieren, wenn es ein brennender Wunsch ist und die Leute nach den Operationen glücklicher sind.

Allerdings hat sich bei manchen das Liften lassen zu einer Sucht entwickelt und sie wollen immer mehr und immer andere Korrekturen. In den meisten Fällen sehen die Gesichter danach »gespannt« und unnatürlich aus und hinter vorgehaltener Hand wird getuschelt, dass sich Soundso wieder einmal hat liften lassen.

Ein Wunsch, den auch ich äußern würde, lautet: weniger Angst zu haben. Dieser Wunsch ist allerdings ein gutes Beispiel dafür, wie wir die Smartphone-Fee und Mr G. eher frustrieren könnten. Was ist »weniger Angst« genau? Sollte es nicht »keine Angst« heißen?

Wäre das nicht wunderbar? Nie wieder fürchten, nie wieder Sorge, nie wieder das Bohren im Bauch.

Bei Prüfungen, schwierigen Situationen im Beruf oder in der Auseinandersetzung mit Leuten, die uns einschüchtern, wäre das Fehlen der Angst sicher angenehm.

Allerdings gehen wir ohne Angst jedes Risiko ein. Angst ist nicht immer nur unerwünscht, sie bewahrt uns oft auch vor Unfällen und Entscheidungen, die uns in Schwierigkeiten bringen könnten. Angst hat durchaus etwas Gutes.

Was uns in vielen Lebenslagen glücklicher machen könnte ist eine große Portion Mut. Mut ist nicht Leichtsinn, sondern eine Kraft, Dinge zu tun, die uns schwer zu bewältigen erscheinen. Aber wieder solltest du sagen können, wann und wo du mehr Mut haben möchtest und wie dieser Mut sich äußern sollte. Wer das genau beschreiben kann, findet übrigens oft einen Weg, den Mut auch ohne Smartphone-Fee zu erlangen.

Herauszufinden, was wirklich glücklich machen kann, ist einer der wichtigsten Schritte zum Glück im Leben.

Was willst du wirklich?

Ein oft gehörtes Argument lautet nun: Das ist aber so schwierig, herauszufinden, was ich wirklich will.

Stimmt! Es ist für die wenigsten Menschen einfach. Mozart hatte das Glück seines Talents. Er musste nicht lange überlegen. Er hat einfach losgelegt, komponiert, musiziert oder dirigiert. Es hat ihm ohne Zweifel gewaltigen Spaß gemacht und er konnte wohl auch nicht anders. Aber weißt du, dass er als Kinderstar von seinem Vater regelrecht verkauft wurde und Geld für die Familie verdienen musste? Er wurde von hohen Herren und Geldgebern immer wieder rausgeworfen und hatte nicht nur Erfolg und Jubel auf dem Programm. Seine Arbeit hat ihn erfüllt, er konnte gar nicht anders, er musste komponieren. Nicht nur um damit Geld zu verdienen, sondern weil er Schaffensdrang hatte, wie ihn vor allem Künstler kennen.

Erfolgreiche Musiker, Schauspieler, Schriftsteller und Maler werden manchmal gefragt, wieso sie es sich noch immer antun, weiterzumachen? Sie hätten doch schon genug im Leben verdient und könnten sich zurücklehnen.

Ein Malerfreund von mir ist fast neunzig Jahre alt und sitzt jeden Tag ab sechs Uhr in der Früh vor der Staffelei oder am Zeichentisch. Elton John, der viele Millionen mit seiner Musik verdient hat, wollte unbedingt noch einmal auf eine Welttournee gehen und mehr als hundert Konzerte geben. Er hat es sicherlich nicht wegen des Geldes getan. Hundert Konzerte, jedes an die drei Stunden lang, müssen ungeheuer anstrengend sein. Ich habe Elton John auf der Bühne erlebt und sein tiefes Glücksgefühl beim Singen war zu sehen und zu spüren und hat mich sehr berührt.

Tipps, um die wahren Wünsche herauszufinden

Freunde und Familie fragen

Es müssen Menschen sein, die dich gut kennen und vor allem dein Bestes wollen. Sie können vielleicht mit Beobachtungen helfen, wann du ihnen besonders glücklich erscheinst. Möglicherweise können sie auch mit Erfahrungen helfen, wie das mit ihrem eigenen Glück oder auch Unglück gewesen ist. Aus solchen Gesprächen ist oft viel zu lernen.

Aber Achtung: Manchmal haben Menschen Erwartungen und erzählen dir nicht, was DICH am glücklichsten machen könnte, sondern was SIE am glücklichsten macht, wenn du es tust.

Würde ich vor Freude tanzen, wenn der Wunsch in Erfüllung geht?

Bei manchen Wünschen, die wir für sehr groß halten, steckt Werbung und scheinbarer Druck der Leute rund um uns dahinter. Wir »müssen« etwas haben, weil es als das Ding angepriesen wird, ohne das man nicht mehr leben kann.

Wenn es um Sachen geht, die ich kaufen will, denke ich immer an den Rat einer Freundin: Würdest du vor Freude tanzen, wenn du dies oder das in der Hand hältst? Wenn ich meine, keine Lust auf einen Freudentanz zu haben, kaufe ich nicht.

Kaum etwas, das ich kaufe, macht mich für viele Jahre glücklich. Geräte, Kleidung oder Armbanduhren, die ich früher sogar gesammelt habe, waren alle nur Glücksmomente. Bei Dingen, die man sammelt, schlägt außerdem die Gier und der Jagdinstinkt zu: Kaum hat man ein neues Stück, ist es schon nicht mehr so neu und man hält Ausschau nach dem nächsten.

Erforsche deine Vergangenheit

Manchmal stehen die wahren Wünsche, die uns glücklich machen können, direkt vor uns. Wir sehen sie aber nicht, weil sie einfach zu nahe sind.

Das ist wie mit einem Plakat, das eine Veranstaltung bewirbt, die du gerne besuchen willst. Wenn du mit der Nase fast anstößt, wirst du Zeit und Datum nicht lesen können. Ein paar Schritte zurücktreten und das Plakat mit Abstand ansehen, macht es aber möglich.

So ähnlich ist es auch mit Dingen und Tätigkeiten in unserem Leben, die das Potential zu wirklich großer Freude bereithalten.

Weil sie aber in unserer Kindheit liegen oder wir sie vielleicht sogar oft tun, nehmen wir sie zu wenig wahr und zu wenig ernst.

Sieh dich um. Was gibt es in deinem Leben,
das dich seit vielen Jahren schon glücklich macht?
Welche Menschen sind das?
Welche Tätigkeiten?
Welche Dinge?
Welche Unternehmungen?
Was hat dich in der Schule glücklich gemacht
(außer den Pausen)?

Welche Hobbies begeistern dich so sehr, dass du völlig darin versinkst und auf die Zeit vergisst.

Kann in einer dieser Tätigkeiten vielleicht dein Lebensglück liegen? Würdest du den Wunsch, diese Tätigkeit den ganzen Tag zu tun, der sexy Smartphone-Fee nennen oder Mr G. nennen?

Wünsche auf ihre Stärke abzuklopfen ist wichtig.
Sind es wirklich DEINE Wünsche? Oder wurden sie
dir nur eingeredet oder subtil ins Hirn projiziert?

Elch-Testmethoden für Wünsche

Wünsche sezieren, wie im Krimi

Es kommt auch nicht selten vor, dass wir selbst noch im Erwachsenenalter unsere Eltern erfreuen wollen. Dieser Prozess kann automatisch ablaufen. Wir haben eine Vorstellung, was wir tun sollten und meinen fest, es wäre unsere Idee und etwas, das uns glücklich macht.

Mir ist von einem Mann erzählt worden, der unbedingt Geiger in einem berühmten Orchester werden wollte. Er hat es auch geschafft, bekam aber dann ein Geschwür am Kinn, wo die Geige aufliegt. Es ging nicht weg, die Ärzte waren ratlos. Schließlich hat sich der Mann eingestanden, dass die Geige nie seine große Leidenschaft war. Dieser Wunsch war von seinen Eltern auf ihn projiziert worden. Sein Körper hat eines Tages nicht mehr mitgespielt und er hat die Geige aufgegeben.

Dieses Beispiel zeigt die Wichtigkeit, ehrlich mit sich zu sein und wie ein Pathologe Wünsche zu zerlegen.

In Krimis sind öfters Pathologen zu sehen, die Leichen untersuchen. Sezieren ist der Fachbegriff. Sie zerlegen die Toten, finden die Todesursachen heraus und wie die letzten Stunden des Opfers abgelaufen sein könnten. Auf der Uni sezieren Studenten der Medizin Leichen, um den menschlichen Körper genauestens kennenzulernen.

Ein Wunsch, der wirklich glücklich macht, muss dein Sezieren aushalten. Was immer du dabei findest, darf nicht so groß oder schlimm sein, dass dir Zweifel kommen.

Der wahre Wunsch hinter dem Wunsch

Mein Verleger hat einmal erzählt, sein größter Wunsch wäre lange gewesen, ein berühmter Schriftsteller zu werden. Mit der Zeit hat er aber festgestellt, dass ihm etwas anderes noch viel mehr Spaß machte, das auch mit Büchern zu tun hatte. Er wollte Texte und Gedanken anderer Menschen durchleuchten und gemeinsam mit Layoutern Bücher gestalten. Berühmt wollte er auch nicht werden, da er sich seit Kindertagen am liebsten im Hintergrund aufhält und von dort wirkt. Heute macht ihn sein Verlag sehr glücklich.

Wünsche können sich im Laufe der Zeit verfeinern und manchmal erscheinen sie mir wie Raupen, die sich verpuppen und aus denen Schmetterlinge schlüpfen.

Der Unterschied zu den Wünschen, die schon nach kurzer Zeit ihre Attraktivität verlieren, besteht im Brennen für das, was du da gerne hättest.

Wieder eine Redensart: ein brennender Wunsch. Ich mag dieses Bild. Ein Wunsch, der in uns brennt, am besten im Herzen, ist es eindeutig wert, verfolgt zu werden. Das heißt noch lange nicht, dass wir ihn erfüllen sollten, aber eine genaue Untersuchung, wie oben beschrieben, ist angebracht.

Das Brennen kann mutieren und sich als eine andere Art von Flamme herausstellen, als wir ursprünglich dachten. Mein Verleger hatte das brennende Verlangen, Bücher zu machen. Aber eben nicht als Autor, sondern als jemand, der die Ideen anderer erfolgreich in Buchform bringt. So auch dieses Buch, das du gerade liest.

Der totale Pessimismus

Wenn du etwas findest, von dem du denkst, es macht dich für längere Zeit glücklich, dann sei einmal richtig pessimistisch. Schreibe eine lange Liste von allem, was schieflaufen könnte. Schreibe am besten eine zweite Liste von allen Schwierigkeiten, die auftreten könnten. Sieh dich um und suche dir Leute, die mit dem Wunsch, den du hast, Schiffbruch erlitten haben.

Mach dir den eigenen Wunsch, der scheinbar so sehr in dir brennt, total madig. Rede mit anderen und frage sie nach Risiken und Gefahren deines Wunsches.

Teile eine Seite in zwei senkrechte Hälften. In eine schreibe alle positiven Seiten deines Wunsches. In die andere alles Negative. Sieh dir das an, wäge ab und frage dich: Ist der Wunsch es wirklich wert?

Wünsche brauchen manchmal Kurskorrektur

Eine Frage, die auftauchen könnte, lautet: Wieso sollen die drei Wünsche DREI Jahre lang glücklich machen? Wieso nicht gleich länger?

Drei Jahre halte ich fürs Erste für lang genug, denn im Leben ist nichts fix und wir und vieles rund um uns verändert sich. Es ist normal, dass sich dann auch unsere Wünsche ändern. Jeder Hochseedampfer, der Kurs auf sein Ziel nimmt, muss immer wieder nachgesteuert werden. Strömungen und Winde können die Ursache dafür sein. Manchmal stimmt der Kurs des Schiffes um eine Winzigkeit nicht, was sich im Laufe einer langen Fahrt zu einer kilometerweiten Abweichung addiert. Das Schiff erreicht nicht das ursprüngliche Ziel, sondern eine Nachbarstadt an der Küste.

Wenn wir unseren Wunsch nicht genau justiert haben, kann er uns also auch ein wenig vom Weg abbringen. Das ist im Normalfall keine Katastrophe, sondern ebenfalls ein normaler Verlauf im Leben. Kurs korrigieren und schon geht es weiter. In einigen Fällen kann sich diese Abweichung sogar als hilfreich herausstellen.

Erfüllte Wünsche sind gefährlich

Wieder eine Redensart: Der Weg ist das Ziel. Aber was tust du, wenn du ankommst?

Ich selbst habe mir im Alter von zwanzig Jahren gewünscht »es allen zu zeigen«. Damals war ich ein Außenseiter, in meinen Interessen für Kinderliteratur und Kinderfernsehen, in meiner Liebe für Männer, für die ich in der Schule verspottet worden bin. Ich hatte beim Radio eine Vorgesetzte, die mir einige Chancen gegeben hat – ich konnte zum Beispiel Sendungen moderieren – aber sie wollte ein Abbild von sich selbst schaffen. Alles sollte ich machen, wie sie es wollte. Sie hat an mir und einer anderen Moderatorin viel herumgenörgelt und damals habe ich mir geschworen, ich werde es ihr und allen, die mich belächelt oder sogar ausgelacht haben, zeigen. Ich werde erfolgreich und berühmt werden.

Nur zwölf Jahre später hatte ich das erreicht. Ich war das, was man einen Bestsellerautor nennt, meine Geschichten wurden in 35 Sprachen übersetzt, ich habe Millionen von Büchern verkauft. Außerdem war ich sehr populär durch meine Fernsehsendungen geworden und wenn es Klassentreffen gab, habe ich den leichten Neid einiger MitschülerInnen von damals gespürt (mit Genuss, gebe ich zu).

Der Weg, also das viele Schreiben und Gestalten, das ständige Lernen und Ausprobieren, hat mir viel Freude bereitet. Ich war in dieser Zeit sehr oft glücklich. (Das dauernde Glück gibt es meiner Meinung nach nicht. Glück spürt man nur, wenn es im Kontrast dazu auch weniger gute Phasen und Ereignisse gibt. Aber der Weg soll sich gut anfühlen.) Ich war auch überglücklich, als eines meiner Bücher zum ersten Mal Nummer eins auf der Bestsellerliste wurde. Die Erfolge gingen immer weiter und ich hatte das Ziel erreicht. Ich hatte allen gezeigt, was in mir steckt.

Dieser Zustand hat mich nur kurz erfreut. Plötzlich hatte ich eine kurze Zeit lang ein Gefühl, als hätte mir jemand den Boden unter den Füßen weggezogen. Was sollte ich nun machen? Wem sollte ich als nächstes etwas beweisen?

Zum Glück konnte ich mich schnell umorientieren. Die Tätigkeit des Geschichtenerzählens war meine Leidenschaft und seit damals erfinde, schreibe und produziere ich, weil es mich reizt und herausfordert. Das Motiv und das Glücksgefühl, andere zu beeindrucken, hat keine Bedeutung mehr für mich.

Das 7,7. Geheimnis des Glücks, das ich am Ende des Buches verrate, ist ein großer Gradmesser dafür, wie gut ein Wunsch für uns ist und ob wir ihn der sexy Smartphone-Fee oder Mr G. nennen sollten. Ich rate dir aber, dem Drang zu widerstehen, sofort hinzublättern und das Geheimnis nachzulesen.

Merke oder notiere dir nur, wie stark dein Drang ist, gleich auf der Stelle das 7,7. Geheimnis herauszufinden. Das reicht fürs Erste.

Ist das Glück wirklich
ein kleiner Vogel?

Schon wieder eine Redensart: Das Glück ist ein Vogerl (= ein Vögelchen). Gemeint ist damit, dass es schnell wieder fortfliegen kann.

Niemand will das gerne wahrhaben. Aber das eiserne Gesetz der Natur ist die Veränderung. Nichts bleibt, wie es ist. Alles geht vorbei, das Schöne und das Unangenehme, Freude und Schmerz. Heute erfolgreich und ein paar Wochen später vielleicht schon wieder vergessen. Das kann geschehen.

Mit dem Glück, das mit dem kleinen Vogel verglichen wird, sind aber auch glückliche Fügungen und Momente gemeint. Lebensglück ist etwas anderes. Wenn du aktiv daran arbeitest, deine wahren Herzenswünsche umzusetzen, dann wird den Lebensglück einmal höher sein und einmal niedriger, aber immer wird es vieles geben, das dich dankbar und glücklich macht.

Wenn du weißt, was dich glücklich machen kann, dann nimmst du automatisch das Steuer in die Hand. Aber wie das so ist mit dem Steuer: Wir müssen wissen, wohin wir wollen. Einfach loszufahren, kann kurzfristig hilfreich sein um sich Orientierung zu verschaffen. Aber immer nur zu fahren, ohne Entscheidung, wohin es gehen soll, kann böse enden: Da stehen wir auf einmal am eiskalten Nordkap und wollten eigentlich in die Sonne Griechenlands.

Das erste Geheimnis des Glücks

- Finde genau heraus, was dich glücklich machen kann.

- In den meisten Fällen sind dafür Nachforschungen nötig und große Ehrlichkeit mit dir selbst.

- Was fühlt sich wirklich an wie das große Glück, das du zum Beispiel früher beim Spielen als Kind empfunden hast?

- Welche Tätigkeit würdest du sogar unbezahlt machen, weil sie dich so begeistert?

- Welchen Gegenstand, den du so gerne möchtest, würdest du in drei Jahren immer noch jeden Tag gerne zur Hand nehmen?

- Sei bereit für die Frage der sexy Smartphone-Fee (Warnung: Sie kann jederzeit kommen und sieht immer, was du gerade auf deinem Smartphone tust oder ansiehst).

- *In nur 66 Sekunden sollst du drei Wünsche nennen können, die dich für mindestens drei Jahre lang glücklich machen.*

- *Frustriere die gute Fee nicht durch langes Zögern, Ungenauigkeit oder Träume, die sich nach kurzer Zeit schon als Schäume herausstellen.*

- *Mach dich selbst glücklich. Finde Klarheit!*

Das zweite Geheimnis

Setz dich nie in den
Warteraum des Glücks

Der Bahnhof des Glücks

Das Glück stellen sich manche wie Züge vor, die in einen Bahnhof einfahren. Wenn sie halten, gehen zischend die Türen auf und heraus quillt alles, was die Menschen schon immer gewollt hatten und das sie nun glücklich macht. Sie müssen einfach nur am Bahnsteig sein.

Bis die Züge ankommen, setzen sich diese Leute in den Warteraum des Bahnhofs. Dazu ist er schließlich eingerichtet worden. An kalten Tagen ist es dort angenehm warm und an heißen Tagen läuft die Klimaanlage.

Zu sitzen und zu warten ist bequem. Sich über die Verspätung oder das Nichteintreffen eines Zuges zu beschweren und zu ärgern, ist angenehm. Der Zug ist schuld, wenn das Glück nicht kommt und sich Wünsche niemals erfüllen. Oder die Eisenbahngesellschaft wird verantwortlich gemacht, weil sie einfach nicht für verlässliche Verbindungen sorgen kann.

Es ist befriedigend, zu sitzen und zu meckern. Im Warteraum des Glücksbahnhofes findet man außerdem immer Gleichgesinnte, die Ähnliches erleben, und zusammen zu schimpfen und anderen die Schuld zu geben ist ein Gemeinschaftserlebnis, wie beim Fußballmatch im Stadion. Es stiftet Verbundenheit und Trost, die wahrhaft Schuldigen des eigenen Glücksmangels zu kennen.

Manche Leute wollen immer mehr vom Glück und es am liebsten fangen und festhalten. Wenn der Zug, der eine Glückslieferung für andere gebracht hat, wieder abfährt, rennen die Menschen ihm hinterher. Im nächsten Bahnhof wird der Zug sicherlich halten, denken sie. Wenn die Türen aufgehen, packe ich einfach zu und raffe etwas Glück an mich.

Diese Glücksjagd endet meistens damit, dass die Leute erschöpft, enttäuscht und außer Atem sind, weil sie den Zug niemals einholen konnten und nur seine Rücklichter gesehen haben.

So kehren sie in den Warteraum zurück, sauer und müde. Sie können erzählen, wie ungerecht das Schicksal schon wieder war.

Die wichtigste Warnung

Leute, die sich in den Warteraum des Glücks
setzen, wissen eines nicht: Eröffnet wurde er
höchstpersönlich vom Unglück, das sich über
jeden Besucher hämisch grinsend die Hände reibt.

Gesprächsstoff im Warteraum

Der Gesprächsstoff im Warteraum geht niemals aus. Allerdings ist er auch immer sehr ähnlich.

Beispiele, was Leute so alles von sich geben:

»Es ist klar, dass für mich der Glückszug nicht kommt. Ich hatte eine schwere Kindheit.«

»Andere haben die besseren Karten im Leben als ich.«

»Meine Eltern waren arm, ich konnte keine gute Schule besuchen.«

»In der Gegend, in der ich wohne, plätschert das Leben nur so dahin und ein Weiterkommen ist nicht möglich.«

»Ich hätte so gute Ideen für neue Dienste oder Apps, aber es ist doch unmöglich, sie ohne große Investoren umzusetzen.«

»Mir fehlen die guten Verbindungen, die andere haben.«

»Bei Frauen habe ich kein Glück.«

»Bei Männern treffe ich immer die falsche Wahl. Aber das liegt bei uns in der Familie.«

»Manche Menschen sind eben Glückspilze, andere nicht.«

»Einigen fällt alles in den Schoß, aber ich warte nur, bis bei ihnen die Glückssträhne auch einmal vorbei ist. Die werden schon sehen... «

Der beste und erfolgreichste Weg, sich und andere unglücklich zu machen, sind solche Gespräche. Sie ziehen wie Betongewichte an den Beinen nach unten, zerstören selbst die beste Laune und pinseln Hoffnung und Mut mit dicker, grauer Farbe zu.

Leider wird nicht nur im Warteraum des Glücks so gesprochen, sondern auch an vielen anderen Orten. Dazu kann ich nur eines raten: Halte Abstand, so weit wie möglich.

Wer glücklich sein möchte, der darf sich niemals in den Warteraum eines solchen Bahnhofs setzen oder dem Glückszug hinterherrennen.

Intime Details über das Glück

Nicht viele kennen das Glück mit seinen Vorlieben. Es mag einiges gar nicht.

Das Glück will nicht gejagt werden.

*Es findet die verzweifelte
Sehnsucht nach ihm abstoßend.*

*Leute, die tatenlos auf es
warten, mag es einfach nicht.*

Das Glück ist eigenwillig und trifft oftmals erst dann ein, wenn man die drei Verhalten bleiben lässt, die es einfach nicht ausstehen kann.

Glück ist Ansichtssache

Sich glücklich zu fühlen hat weniger damit zu tun, ob dein großer Wunsch in Erfüllung gegangen ist, sondern wie du deine derzeitige Lage siehst.

Dazu ein Beispiel aus meinem Leben. Als Autor schreibe ich Bücher, Drehbücher, manchmal Skripte und Songtexte für Musicals und auch Artikel. Die Honorare, die ich heute bekomme, sind sehr gut, ich freue mich und bin dankbar.

Was ich tue, macht mich glücklich. Was ich damit verdiene, ebenso.

Als ich zwanzig Jahre alt war, habe ich Wettbewerbe gewonnen, zu denen ich Kindergeschichten eingeschickt hatte. So wurde der Rundfunk auf mich aufmerksam und ich bekam das Angebot, Gute-Nacht-Geschichten für eine Radiosendung zu schreiben.

An das Glücksgefühl von damals kann ich mich gut erinnern. Aber auch an die Unsicherheit und den Zweifel, ob meine Geschichten gut genug sein werden. Ich bin eine Weile herumgelaufen, habe mich aber schließlich hingesetzt und geschrieben.

Für meine erste Geschichte von zwei Seiten Länge habe ich mehrere Tage gebraucht. Die zweite ging schon etwas schneller. Schließlich hatte ich vier Gute-Nacht-Geschichten über einen kleinen Zauberer fertig, dem alles daneben geht, der aber trotzdem niemals aufgibt. Ich habe sie in die Redaktion des Kinderfunks gebracht und ein paar Tage später erfahren, dass sie angenommen worden waren. Meine Freude war groß. Allerdings kam später ein Anruf, ich müsse einiges umschreiben. Das hat mich sofort wieder in Zweifel gestürzt, aber ich habe es getan.

In den folgenden Monaten und Jahren habe ich an die 500 solcher Gute-Nacht-Geschichten verfasst. Das Honorar war ziemlich klein, aber viele kleine Beträge können zusammen eine nette Summe ergeben.

Im Vergleich war mein Erfolg, mein Einkommen, meine Bekanntheit von damals ein Bruchteil von heute. Meine Geschichten wurden von Kindern geliebt, von Literaturexperten aber als völlig unbedeutend eingestuft.

Eigentlich hätte ich – wenn man das Glück berechnen könnte - damals nur einen Bruchteil so glücklich sein dürfen, wie ich es heute bin.

Aber das genaue Gegenteil war der Fall. Ich war stolz und habe jede Folge, wenn sie ausgestrahlt wurde, mit einem Kassettenrecorder aufgenommen. Mein Glücksgefühl war mindestens so groß wie heute. Es ist mir vielleicht manchmal sogar größer erschienen, weil alles so neu war.

Erfolg verwöhnt und im Kopf sitzt eine Stimme, die ständig flüstert: »Mehr, mehr ,mehr.« Oder sie zweifelt und fragt: »Ob das neue Buch wieder erfolgreich wird?«

Diese Stimme nagt mit langen Zähnen an der Freude. Daher wird es – wenn du einmal Erfolg hast – eher schwieriger, glücklich zu bleiben, als in deinen Anfängen.

Ich bin überzeugt, diese Stimme im Kopf steht auf der Gehaltsliste des Unglücks und muss hoch bezahlt sein.

Warum ich von meiner Anfangszeit als Autor erzähle, ist auch die Lektion, die ich damals gelernt habe. Ich bin nicht gesessen und habe gewartet, sondern ich habe das getan, was mir Freude bereitet hat: Schreiben. Durch die Teilnahme an dem Wettbewerb und den Preis, den ich gewann, habe ich mich »sichtbar« gemacht und das Glück konnte mir das Angebot der Gute-Nacht-Geschichten schicken.

Da ich diese Geschichten zur großen Zufriedenheit der Leitung des Kinderfunks geschrieben habe, kamen die nächsten Aufträge: Hörspiele.

Bald war es eine wöchentliche Hörspielserie.

Diese Hörspiele hat ein Verleger im Auto auf der Heimfahrt gehört. Er hat mich angerufen und zu einem Gespräch eingeladen. Damals entstand die Idee zu meiner Kinder-Krimiserie DIE KNICKERBOCKER BANDE. Sie war der Start für viele weitere Bücher. Heute sind es mehr als 560.

Das Glück mag Action

Den Wartesaal des Glücks zu vermeiden bedeutet, etwas zu tun.

Aber nicht nur »etwas«, sondern das, was mit meinem Wunsch zu tun hat und zu seiner Erfüllung führen kann.

Statt im Wartesaal zu sitzen, gilt es, sich sichtbar zu machen. Das geht am besten, indem man etwas herzeigen kann.

Im Wartesaal zu sitzen, heißt für viele auch, das Glücklichsein auf den Tag zu verschieben, wenn ein großer Wunsch endlich in Erfüllung gegangen ist.

Das Glück kommt aber gerne dorthin, wo es schon einen gut bestellten Boden vorfindet, auf dem es wachsen kann. Sich glücklich zu fühlen mit dem, was man schon geschafft hat, ist ein Magnet für mehr.

Das Glück gehört den Tüchtigen

Der Tüchtige verbringt seine Zeit sicher nicht in einem muffigen Wartesaal, sondern packt an und setzt Schritt für Schritt, damit seine Pläne umgesetzt und seine Ziele erreicht werden.

Liebesglück macht übrigens einen großen Bogen um den Wartesaal. Es scheint, meiner Beobachtung nach, den Geruch nicht zu mögen, den Menschen dort drinnen annehmen. Gleichzeitig aber mag auch das Glück der Zweisamkeit weder verfolgt, noch gejagt werden. Wie also kann man es bekommen?

Statt zu warten oder verbissen zu suchen, wäre eine Möglichkeit, sich selbst richtig glücklich zu machen.

Das Leben allein so gut es nur geht einrichten und alles daransetzen, um mit sich und der Welt im Großen und Ganzen zufrieden zu sein. Auch wenn das nicht hundertprozentig zu erreichen ist, hilft da jedes Detail, egal ob äußerlich oder innerlich, ob Kleidung, Einrichtung, Hobbys und alle Tätigkeiten, die Freude bereiten.

Unter keinen Umständen sollst du dein Glück von einem anderen Menschen abhängig machen.

Zu denken, du könntest nur glücklich sein, wenn du »eine bessere Hälfte« gefunden hast, ist auch so eine Idee, die das Unglück gerne streut.

Sieh es dir einmal von der anderen Seite an: Deine Freundin oder dein Freund wünschen sich einen Menschen an ihrer Seite, der grundsätzlich Freude im Leben hat. Wenn du aber nur Freude durch sie haben kannst, dann ist das eine Katze, die ihrem Schwanz nachrennt und ihn nie bekommen wird.

Wenn du eine Partnerin oder einen Partner findest und ihr richtig gut zusammenpasst, werdet ihr einander vermissen, wenn ihr getrennt seid. Das ist ein wunderbares Zeichen von Liebe. Trotzdem sollte jeder in der Lage sein,

ein eigenständiges Leben zu führen und es schaffen, sich selbst glücklich zu machen. Gemeinsam wird die Beziehung gestaltet. Sie ist das Projekt, das ihr zu zweit verfolgt, an dem ihr baut.

Schluss mit müden Geschichten

In jedem Fall kommt das Glück lieber zu Menschen und an Orte, wo es sich wohlfühlen kann.

Gemütlichkeit findet es anziehend, lustloses Herumhängen hingegen abstoßend.

Alle Ausreden wie eine schwere Kindheit, am falschen Ort geboren worden zu sein oder eben grundsätzlich Pech mit Frauen oder Männern zu haben, sind müde Geschichten. Wer sie immer wieder erzählt, darf sich nicht wundern, wenn sie immer mehr und mehr Realität werden.

Es ist deine Verantwortung, diese Geschichten zu verändern und so zu erzählen, dass sie dich beflügeln, dir Mut machen und die Welt rund um dich freundlicher und heller erscheinen lassen.

Ist das einfach?

Nein, das ist alles andere als einfach, weil Jammern immer leichter fällt als Pläne zu schmieden und in Aktion zu treten.

Ein Onkel von mir hat in seiner Firma zu Mitarbeitern oft gesagt: »Sagen Sie mir bitte, wie etwas funktionieren kann und erklären Sie mir nicht stundenlang, wie es nicht geht.«

Viele Leute halten sich mit endlosen Vorträgen auf, in denen sie beschreiben, wieso etwas nicht geklappt hat oder in ihrem Leben nie funktionieren wird. Sie erlangen daraus aber keine Erkenntnis, wie sie es anpacken sollten, damit sie ihren Wünschen und Zielen ein paar Schritte näher kommen.

Hilfe bei Schicksalsschlägen

Im Warteraum sitzen manchmal auch Leute, die schwere Schicksalsschläge durchmachen mussten. Sie haben einen Partner verloren, sind bankrottgegangen, oder sie haben oder hatten eine schwere Krankheit. Sie sitzen da und ergeben sich ihrem Schicksal. Ihre Annahme lautet, dass sie vom Glück einfach vernachlässigt werden.

Andere fürchten sich vor Schicksalsschlägen und erklären sehr ausführlich, dass es im Leben kein dauerhaftes Glück geben kann. Damit haben sie sogar recht. Das Leben ist ein ständiges Auf und Ab und keine flache Linie. Ob uns das gefällt oder nicht. Das einzig Fixe im Leben ist die Veränderung, die wir jeden Tag, jede Woche und jeden Monat erleben.

Am Theater werden auch heute griechische Tragödien gespielt, die alle, wie der Name schon sagt, tragisch enden. Diese Stücke sind zweitausend und mehr Jahre alt und sollten immer vorführen, wie machtlos der Mensch gegenüber dem Schicksal ist. Die Katastrophe geschieht und wer denkt, er könnte sich gegen das Schicksal auflehnen, der irrt gewaltig.

Tragödien machen den Zuseher traurig, vor allem aber nachdenklich. Jeder von uns kann in Verstrickungen und Verwicklungen des Lebens geraten, die tragische Auswirkungen haben.

Ein Regisseur hat mir erzählt, im alten Griechenland wären am Ende einer Vorstellung aber immer die Spaßmacher in die Arena gekommen, um zu zeigen, dass das Leben weitergeht.

Schicksalsschläge können wir nicht vermeiden. Wir können uns bestmöglich schützen, gesund und verantwortungsvoll leben und hoffen, dass sie uns nicht ereilen, aber sich vor ihnen zu verstecken nützt nichts.

Vor unerwarteten, erschreckenden
Wendungen bist du am besten
gewappnet, wenn du dein
Leben voll lebst.

Voll leben bedeutet für mich: Du kannst zu mehr als der Hälfte der Zeit sagen, dass du tust, was du tun willst, dass du dich wohl fühlst, dass du Freude hast und dankbar bist für viele Dinge und Menschen, die dich umgeben, egal wie groß oder klein.

Das Glück vernachlässigt keinen, der sein Leben so gut er nur kann in die Hände nimmt. Das Schicksal aber schlägt immer wieder zu. Du kannst dankbar sein, wenn du von solchen Schlägen verschont bleibst. Das ist Glück.

Größte Hochachtung habe ich vor Menschen, die trotz großer Verluste von Menschen oder Geld trotzdem weitermachen und an ein neues Aufwärts glauben. Menschen, die ihr Schicksal meistern, sind in meinen Augen mit Superhelden zu vergleichen. Sie lungern nicht im Wartesaal des Glücks herum oder stehen mit hängendem Kopf am Bahnsteig. Sie wandern los, sie reisen durch das Leben, sie probieren Neues aus, sie schließen Kontakte, sie machen sich und andere glücklich, um zu zeigen: Ich bin bereit für mehr.

Lass die Zeit für dich arbeiten

Abwarten ist manchmal aber auch nötig. Meine Mutter hat immer gesagt: Lass die Zeit für dich arbeiten. Diesen Spruch habe ich lange nicht verstanden. Was sie gemeint hat, ist manchmal ruhig zu bleiben und zu beobachten, wie sich die Dinge entwickeln. Erst dann Entscheidungen treffen, obwohl das manchmal nicht einmal mehr nötig ist, weil sich die Sache von allein geregelt hat.

Manche Phasen im Leben sind wie das Tetris-Spiel. Kennst du dieses Spiel, das für den Gameboy erfunden wurde und das es auch heute noch als App gibt? Von oben fallen Formen herab, alle aus kleinen Quadraten zusammengesetzt. Es gibt Würfel, L-förmige Teile, T-förmige, lange Balken und Winkel. Die Teile müssen beim Spielen so angeordnet werden, dass sie ganze Linien ergeben, die sich dann auflösen und Punkte bringen. Je mehr Linien gleichzeitig verschwinden, desto höher die Punktezahl.

Du weißt aber nie, welches Stück als nächstes kommt und oft beginnen sich die Teile zu türmen, weil Lücken geblieben sind. Wer die Nerven bewahrt und die Teile geschickt legt, der wird hoch gewinnen.

Im Leben erscheint es mir manchmal so: Ich muss abwarten und die Teile einmal langsam kommen lassen. Dann kann ich beginnen, sie zu arrangieren. Immer wieder aber heißt es erneut warten, weil das richtige Stück noch nicht da ist. Dieses Warten lohnt sich.

Warten, um keine übereilten Entscheidungen zu treffen und die Teile besser zusammensetzen zu können, kann sich als klug erweisen. Es ist kein Zögern und kein lahmes Herumsitzen, wie im Warteraum, sondern ein taktisches Manöver, das einiges vereinfachen kann.

Diese Art von Warten ist eine Aktion ohne Tun und darin liegt eine Menge Kraft und Möglichkeit. Der Unterschied zum Herumhängen im Warteraum ist dir sicherlich klar. Während das »Tetris-Warten« sich ein wenig angespannt, neugierig und hoffnungsvoll anfühlt, ist das sinnlose Warten faul, pessimistisch und mit wenig Hoffnung verbunden.

Der Geruch des Warteraums ist ein Mief, der die Nase beleidigt. Was du willst, das ist Lebenslust und die riecht frisch und anziehend.

Das zweite Geheimnis des Glücks

- Warte nicht untätig auf das Glück.

- Wenn du glaubst, es zu sehen, dann renn ihm nicht hinterher. Das macht nur müde.

- Gehe deinen Weg, mach dein Ding, wie es so schön heißt, dann kommt das Glück zu dir.

- Erzähle keine Geschichten, wieso du nicht glücklich sein kannst, sondern rede darüber, wie du dich und andere glücklich machen kannst.

- Gib die Verantwortung für dein Glück niemals in die Hände der Vergangenheit oder anderer Menschen.

- Wenn du meinst, es gab oder gibt in deinem Leben Personen oder Ereignisse, die wie eine Barrikade vor deinem Glück stehen, dann sieh dir an, wie du diese Hindernisse abbauen kannst.

- Zeige dich und das, was dir Freude macht, damit dich das Glück finden kann.

- *Schwinge deine Lebenslust, wie Cheerleader ihre Pompoms. Das zieht das Glück an.*

- *Schicksalsschläge sind schrecklich, keiner will sie, aber sie sind ein Teil des Lebens.*

- *Frage nicht nach dem Warum und denke nie, Schicksalsschläge würden dich für alle Zeiten vom Lebensglück abschneiden. Gehe mit ihnen um, so gut du kannst und finde einen Weg zu neuer Lebensfreude.*

- *Manchmal ist Warten wichtig, damit die Teile aus Information und Ereignis kommen können und du sie richtig arrangierst. Dieses Warten ist voll gespannter Neugier und Hoffnung, und nicht düster und mutlos, wie das Sitzen im Warteraum.*

Das dritte Geheimnis

Pflanze deinen Glücksgarten

Ein Garten zum Mitnehmen

Für deinen Glücksgarten brauchst du weder ein Grundstück noch einen Balkon, nicht einmal einen Blumentopf.

Du kannst diesen Garten trotzdem rund um dich pflanzen, pflegen und wachsen lassen.

Ein Glücksgarten ist nicht mit hohen Kosten verbunden, sondern viel mehr mit Aufmerksamkeit und Dankbarkeit. Es ist ein Garten, den du einfach nur vor deinem geistigen Auge entstehen lässt. Du kannst ihn aber auch schriftlich für dich beschreiben oder aus Bildern aufkleben, wie eine Collage.

Wichtig ist die genaue Vorstellung dieses Gartens. Du sollst ihn dir so gut und detailreich ausdenken, dass du in deiner Fantasie darin spazieren gehen kannst. Schließe die Augen und lasse alle Pflanzen wachsen, genieße die Zeit, die du im Garten verbringen kannst. Dein Glücksgarten ist der Ort, in dem du Kraft sammeln kannst und fühlst, wie viel Freudiges es schon in deinem Leben gegeben hat und gibt.

Das dritte Geheimnis des Glücks klingt poetisch und wenn du zu den eher nüchternen Leuten zählst, willst du dieses Kapitel vielleicht überblättern. Tu das nicht, ich werde dir erklären, wieso dieser Glücksgarten nicht nur eine romantische Vision ist, sondern etwas sehr Wirksames, Hilfreiches und Praktisches.

Wenn du kein großer Freund von Gärten und Pflanzen bist, kannst du in deiner Vorstellung auch ein Glückshaus errichten oder sogar einen Tempel des Lebensglücks. Das Prinzip ist immer das gleiche.

Bleiben wir beim Beispiel des Gartens.

Wenn du ein neues Leben starten willst, dann wirst du einiges an Kraft und Energie brauchen. Außerdem ist es gut, wenn du nicht von ganz vorne beginnen musst, sondern schon auf einiges aufbauen kannst. Dein Glücksgarten kann ein guter Gradmesser sein, wie fruchtbar dein Boden ist, auf dem du Neues pflanzen willst.

Jeder Grashalm, jede Blume und jeder Baum in deinem Garten ist ein Symbol für Freude und Glück, das du bereits im Leben erfahren hast oder gerade genießt. Manchmal sind Fülle und Zusammenspiel der schönen Dinge, der wunderbaren Menschen, die uns begleiten und der erfüllten, glücklichen Momente im Alltag nicht erkennbar. In solchen Fällen bringt ein Glücksgarten einen guten Überblick und ein Gefühl, das du tief in dich einpflanzen kannst. Es kann in weniger glücklichen Zeiten abgerufen werden und helfen.

Deine Wiese im Glücksgarten

Mir gefallen am besten Juni-Wiesen mit den vielen Blumen in Gelb, Violett und Weiß und dem saftig grünen Gras, das kniehoch steht.

Setze dich hin und schreibe jede Erinnerung an einen glücklichen Moment auf. Es kann hilfreich sein, mit Eltern, Geschwistern und Leuten im Freundeskreis zu reden. »Was wir schon alles Schönes erlebt haben«, lautet der Titel des Gesprächs. Jeder soll dann erzählen, was ihm einfällt. Dabei kommt es nicht darauf an, wie groß oder klein ein Ereignis war. Der Moment zählt, das Glücksgefühl, das du damals verspürt hast. Auch wenn es nur ein Funke war, unbedingt notieren.

Im Laufe von Tagen oder Wochen können auf diese Weise lange Listen entstehen. Stell dir vor, dass alles, was du da aufschreibst, eine Blume oder ein Grashalm auf der Wiese im Glücksgarten ist.

Wenn dir die Wiese noch nicht farbenfroh erscheint, forsche weiter in der Vergangenheit. Sieh dir alte Fotos an, vielleicht aus deiner Kindheit oder Jugend.

Blumen einer Glückswiese können die Erinnerung an den besten Holundersaft sein, den deine Großmutter zubereitet. Bunte Flecken aus Blumen bilden unvergessliche Urlaube. Eine Margerite könnte als Symbol für den Moment von damals stehen, als du noch sehr klein warst und dir die Knie aufgeschlagen hast und dich dein Papa so wunderbar getröstet hat. Dein erster Kuss kann eine große Mohnblume in deinem Garten werden, der Moment, als du deine letzte Prüfung abgelegt hast, eine Sonnenblume.

Je genauer du dir diese vielen Erinnerungen vorstellst und das Gefühl der Freude, Befriedigung, Erfüllung oder

Erleichterung wieder in dir erweckst, desto stärker wirst du die Kraft der Glückswiese fühlen.

Als ich bei den Menschen rund um mich die Frage nach den »Blumen des Glücks« gestellt habe, kam völlig unerwartet von einem Freund die Antwort: »Mein riesiger Teddybär, den mein Opa für mich als Kind in einer Schießbude gewonnen hat. Ich kann noch immer das Kunstfell an meiner Wange spüren, das sicher billig war. Aber mich hat das Kuscheln immer beruhigt.«

Eine Freundin hat erzählt, wie sie ihre Eltern einmal angelogen hat. Später hat sie herausgefunden, dass die Eltern die Lüge sofort durchschaut hatten, ihr aber trotzdem alle Vorwürfe erspart haben. Sie gaben ihr die Zeit, die Sache selbst wieder in Ordnung zu bringen.

Es gibt aus unserer Kindheit Gerüche und Geschmäcker, die ein Glücksgefühl erzeugen. Die Mitarbeiterin einer TV-Firma hat dazu mit leuchtenden Augen »Schlumpfeis« genannt. Das ist dieses blaue Eis, das total künstlich ist, aber Kinder trotzdem begeistern kann.

Es gibt so viele Zeiten im Leben, in denen wir uns traurig, verloren, allein und vom Glück verlassen vorkommen.

Je stärker wir uns in guten Zeiten die Glückswiese vorgestellt und eingeprägt haben, desto mehr werden wir in den schwierigeren Zeiten dort Trost finden.

Die Wiese im Glücksgarten ist ein Symbol und unser Gehirn mag solche Symbole. Es kann damit Erkenntnisse,

Weisheiten und vor allem Gefühle verknüpfen. Denken wir an das Symbol, taucht sofort vieles auf, das wir damit verbunden haben. Im Falle der Glückswiese ist es die Freude im Leben.

Wer nun aber lieber sein Glückshaus im Geist errichten möchte, der kann in den Wohnraum einen kunstvollen Teppich legen, aus bunten Erinnerungsstücken genäht und gewebt. Im Tempel des Glücks könnte es ein fröhliches Fliesenmuster auf dem Boden sein.

Wiese, Fliesenboden oder Teppich sind für uns der Beweis, dass wir im Leben schon viele gute, angenehme und glückliche Momente erleben konnten und durften. Dankbar für sie alle zu sein, gibt Kraft und Mut.

Überhaupt ist Dankbarkeit eine Kraftquelle, die meiner Erfahrung nach erfrischend sprudelt.

Ich habe mir angewöhnt, jeden Morgen nach dem Aufwachen und am Abend vor dem Einschlafen an drei Dinge, Menschen oder Momente zu denken, für die ich dankbar bin.

Manchmal bin ich vor dem Aufstehen schon dankbar für das Gelingen eines Vorhabens, das ich an diesem Tag habe. Das ist durchaus erlaubt. Seit ich diese tägliche Dankbarkeitsübung mache, fühle ich mich wesentlich glücklicher. Übrigens lasse ich sie auch an »schlechten« Tagen nicht aus. Es mag dann schwieriger sein, auf drei Dinge zu kommen, aber es ist durchaus möglich. Gerade an diesen Tagen hilft die Übung noch mehr.

In unserem Leben gab und gibt es mehr Glücksmomente, als es uns manchmal erscheint. Das ist meine feste Überzeugung und auch meine Erkenntnis aus Gesprächen mit Menschen, die ein erfülltes Leben leben und sich als »durchaus glücklich« bezeichnen.

Immer wieder ist es wichtig, sich klar zu machen: Den Dauer-Glückszustand gibt es nicht. Für niemanden auf dieser Erde. Abgesehen davon, dass Höhen und Tiefen des Lebens wie der Herzschlag dazugehören, wüssten wir nicht einmal, was Glück ist, wenn wir das Gegenteil nicht kennen. Genauso wie wir niemals gute Tage hätten, wenn wir nicht auch schlechte erleben müssten. Ohne Kontrast keine Einschätzung und schon gar keine Wertschätzung.

Dauerhaftes Glück ließe uns abstumpfen, und da wir Menschen sind, bald unzufrieden werden. Unser Wunsch wäre dann der nach mehr und größerem Glück, was das derzeitige Glück schmälern und unbedeutend machen würde.

Herausragende Pflanzen des Glücksgartens

Der Garten unseres Glücks braucht Pflanzen, die herausragen. Sonnenblumen gehören zum Beispiel dazu. Für mich sind sie eine der schönsten Blumen überhaupt und der Anblick von Sonnenblumenfeldern löst in mir ein unbeschreiblich fröhliches Gefühl aus. Als Symbol für bestandene Abschlussprüfungen habe ich deshalb vorhin die Sonnenblume gewählt. Sie ist nicht Teil einer frühsommerlichen Blumenwiese, repräsentiert für mich aber eine aufrechte, stolze und strahlende Haltung.

Du sollst selbst entscheiden, welche hochwachsenden Blumen du im Glücksgarten gerne um dich haben möchtest. Sie sind Symbol für spezielle Ereignisse, die eine glückliche Wende im Leben gebracht haben:

Bestandene Prüfungen
Wichtige Begegnungen mit Menschen
Hochzeit
Geburt eines Kindes
Überstandene Operation
Genesung von einer Krankheit
Übersiedelung in ein neues Zuhause

Statt hoher Blumen kannst du im Glücksgarten auch Kletterbohnen setzen, wilden Wein, der sich im Herbst so herrlich rot verfärbt, Kürbisse in allen Farben oder Gemüsestauden. Ich schätze sie als Symbol für die oben aufgezählten Ereignisse deshalb, weil sie langsamer wachsen, länger bleiben und manchmal Zeit brauchen, bis sie Früchte tragen.

Bäume und Sträucher deines
Glücksgartens

Besondere Bedeutung haben in jedem Leben andere Menschen. Die Menschen, die dein Leben am besten beeinflussen, begleiten und bereichern, sollten durch hohe Sträucher oder Bäume im Glücksgarten vertreten sein. Sie spenden Schatten, sie tragen Früchte, sie machen Spaß, weil man an ihnen hochklettern kann. Manche blühen mit großer Pracht im Frühling und im Herbst werden die Farben ihres Laubs zum Feuerwerk.

Es ist interessant, Menschen mit Bäumen zu vergleichen. Wer in deinem Leben ist so beständig und widerstandsfähig wie eine Eiche?

Wer ist mehr wie die Birke, elegant und anmutig und im Sturm biegsam?

Wer sind die Obstbäume in deinem Leben, wer trägt Kirschen, wer eher Äpfel oder Nüsse?

Gibt es einen Mammutbaum, wie in amerikanischen Nationalparks?

Oder Kokospalmen, die einfach alles liefern: Fasern für Matten, Blätter für Dächer, Holz, das geschnitzt oder zum Bauen verwendet werden kann und in der Kokosnuss das Kokoswasser und das ölige Fruchtfleisch, Getränk und Quelle für Fett.

Natürlich gibt es auch Menschen wie Nadelbäume. Ein besonderer ist die Schwarzkiefer, die mit ihren Ästen einen schützenden Schirm bildet. Tannen mit weichen, runden Nadeln, grün das ganze Jahr. Aber auch Fichten sind im Winter grün, stechen allerdings.

Wo würdest du diese Bäume in deinem Garten positionieren? Der richtige Platz ist wichtig, damit die Bäume zur Freude beitragen, aber nicht mit zu viel Schatten anderen Pflanzen schaden oder sich gegenseitig beim Wachsen behindern.

Die Schale der kleinen Glücksmomente

In Thailand habe ich einen Brauch kennengelernt, der in den Garten des Glücks eine besondere Stimmung der Ruhe bringen kann. Die Menschen in Thailand haben für ihre Götter kleine Häuschen, bunt bemalt und auf Säulen vor dem Haus oder unter Bäumen stehen. Sie legen dort allerhand Opfergaben hin, über die wir oft staunen.

Das kann eine volle Limodose sein, eine Frucht, sogar ein Schokoriegel.

Im Garten des Glücks könntest du ein Häuschen oder zumindest eine Schale haben, die auf einer Säule steht. Dort hinein legst du kleine Erinnerungsstücke, die vom materiellen Wert her gering sein mögen, aber einen hohen emotionellen Wert für dich haben.

Von Reisen ans Meer oder in die Berge bringe ich immer schön geformte Steine mit. Drei, vier Blumen in einer kleinen Vase von einem Spaziergang können auf die Säule kommen. Genauso ein Zettel mit einer lieben Botschaft, oder eine Münze, die du auf der Straße gefunden hast.

Die Schale der glücklichen Erinnerungen kannst du nicht nur in deinem imaginären Garten des Glücks, sondern auch bei dir daheim aufstellen. Am besten an einem Platz der Wohnung oder des Hauses, wo du oft hinsiehst.

Wechsle den Inhalt immer wieder aus. Gib neue Stücke dazu und andere, die schon ein wenig verblasst sind, weg. Halte die Schale oder das Regal der Erinnerung frisch.

Glücksgarten auf dem Handy

Die Idee des Glücksgartens kannst du auch als Collage gestalten: Ein großes Blatt Zeichenpapier, auf das du Bilder aus Pflanzenkatalogen klebst. Es können aber auch Teile sein, die du aus Fotos ausschneidest.

Du kannst einen Ordner auf deinem Handy anlegen und ihn Glücksgarten nennen. Sammle dort symbolische Fotos von Pflanzen, wie in diesem Kapitel über das dritte Geheimnis des Glücks beschrieben. Mische Schnappschüsse dazu, die du besonders magst und die Erinnerungen wachrufen.

Dein Glücksgarten ist deine Verantwortung

Der Garten ist nur ein Symbol dafür, die Fülle der Freude und des Glücks zu begreifen. Es tut gut, das eigene Leben auf der Suche nach glücklichen Blitzen in allen Facetten und kleinsten Details zu durchleuchten und zu zerlegen. Suche wie ein Trüffelschwein, die bekanntlich die edlen Pilze auch einen halben Meter tief ihn der Erde riechen können.

Wenn du jetzt denkst, ich rede da einfach so leicht dahin und in deinem Leben gäbe es nicht so viele schöne Zeiten und deshalb wäre dein Garten eher leer und an manchen Stellen kahl, dann sehe ich trotzdem keinen Grund zu verzweifeln. Es ist gut, wenn du diese Situation erkennst und annimmst. Sich dagegen zu wehren oder darüber wütend zu sein, befördert dich höchstens in den Warteraum des Glücks und mittlerweile ist klar, wieso dort niemand sitzen sollte.

Anderen Schuld für die Trockenheit
deiner wenigen Pflanzen zu geben, wird
sie weder bewässern noch düngen.

Selbst wenn du recht hast und unverschuldet in unangenehme Lagen im Leben gekommen bist, verkneife dir das Jammern und das Selbstmitleid.

Der Garten des Glücks ist DEIN Garten und in deiner Verantwortung. Jede einzelne Blume macht ihn bunter. Im Frühling freuen wir uns auch über die ersten Primeln und Veilchen, die neben der Pracht der Sommerblumen verloren wirken. Aber jedes Veilchen zählt, denn ein kleines Veilchen kann stärker duften als zehn gezüchtete langstielige Rosen und im Frühling, als erste Blume nach Kälte und Schnee, macht sein Auftauchen doppelt viel Freude.

Bist du derzeit mit deinem Glücksgarten noch nicht zufrieden, dann sieh es als Ansporn, jeden Tag nach weiteren Blumen zu suchen, die du pflanzen könntest. Das bedeutet: jeden Tag nach einem Moment Ausschau halten, der dich freut und in dem du dich als glücklich bezeichnen würdest. Mach dich mit Lust an die weitere Gartengestaltung.

Die Bäume der Menschen, die wir gerne um uns haben wollen, die können wir uns – wenn die Leute noch nicht wirklich in unserem Leben sind - vorstellen. Wo sollen sie in unserem Garten stehen? Welche Art von Bäumen hätten wir gerne?

Klarheit darüber, auf welche Weise Menschen unser Leben bereichern können, kann sie anziehen wie ein Magnet. Wichtig ist es, immer zu überlegen, was wir den Bäumen an Pflege und Aufmerksamkeit geben können. Was können wir ihnen bieten, damit sie gerne in unserem Glücksgarten wachsen?

Der Glücksgarten braucht
Pflege und Geduld

Ich wohne im Haus, das meine Eltern vor vierzig Jahren erbaut haben. Sie leben beide leider nicht mehr und haben mir diesen wunderbaren Ort hinterlassen. Vor einiger Zeit habe ich ein Fotoalbum gefunden und gesehen, wie der Garten bei ihrem Einzug ausgesehen hat.

Die winzigen, frisch gepflanzten Bäume, das dünne Gras, der kahle Zaun. Heute bin ich umgeben von saftigen Hecken, stolzen Bäumen und sogar verwildertem Gebüsch, in dem Kletterrosen blühen. Die Wiese ist im Frühling weiß von Gänseblümchen und im Sommer blüht dort der Klee.

Es hat viele Jahre gedauert, bis der Garten eine so wilde und trotzdem gepflegte Pracht geworden ist. Der Vergleich mit den Fotos von damals ist für mich die Erinnerung, wie sich in meinem Leben die Dinge entwickeln, vermehren und wachsen können. Manchmal muss auch ausgeschnitten und gelichtet werden. Ab und zu stirbt ein Baum ab. Der Garten meines Lebens und meines Glücks braucht Pflege und die will und werde ich ihm immer geben.

Das dritte Geheimnis des Glücks

- *Führe dir dein Glück vor Augen,*
  das du im Leben schon erlebt hast.

- *Unser Gehirn mag Symbole, daher hilft*
  es, einen Garten aus glücklichen Momen-
  ten, Ereignissen und Menschen anzulegen.

- *Du kannst aber auch ein Haus*
  des Glücks in deiner Fantasie
  errichten oder sogar einen Tempel.

- *Erforsche dein Leben, untersuche es auf*
  kleinste Details, gehe vor wie ein Trüffelschwein:
  Was kannst du alles finden und entdecken?

- *Gib keinem anderen die Schuld, wenn dein*
  Garten trocken oder nur dünn bepflanzt ist. Es
  ist DEIN Garten, übernimm die Verantwortung
  und gestalte ihn jeden Tag ein wenig schöner.

- *So wie jeder echte Garten Jahre zum Wachsen*
  und Gedeihen braucht, ist es auch bei
  einem Glücksgarten. Geduld und Ausdau-
  er können ihn zu einer Pracht werden lassen.

- *Finde einen Weg, dir deinen Glücksgarten, dein Haus des Glücks oder deinen Tempel oft vor Augen halten zu können. Besuche sie in Gedanken, gehe darin herum, genieße die Zeit.*

- *Hol dir Kraft für neue Schritte im Leben.*

Das vierte Geheimnis

Schließe einen
Vertrag mit dem Glück

Das Glück schätzt Abmachungen

Damit du immer öfter sagen kannst: »Ich bin glücklich!«, stell dir vor, einen Vertrag mit dem Glück zu schließen. Ein Vertrag ist eine gegenseitige Vereinbarung über Rechte und Pflichten.

Nun eine schlechte Neuigkeit: Das Glück lässt sich nicht zwingen, verpflichten und schon gar nicht erpressen.

Die gute Nachricht: Das Glück schätzt Abmachungen und Versprechen. Es mag trotzdem vielleicht nicht immer genau das bringen, was du dir wünscht, aber die Chance ist hoch, dass du dich bei Einhaltung deiner Zusagen mit der Zeit wesentlich glücklicher fühlst.

In einem Vertrag mit dem Glück können zum Beispiel folgende Punkte stehen:

Fähigkeits-Erklärung

Ich erkläre mich für fähig und halte mich für fähig, zu tun, was ich von ganzem Herzen machen will.

Alles, was ich noch nicht beherrsche, eigne ich mir an. Ich lese, lerne, besuche Schulen oder Kurse und trainiere meine Fertigkeiten.

Ich spreche mir Mut zu und versichere mir, dass ich mich nach reiflicher Prüfung für befähigt halte, meine Ideen und Pläne umzusetzen.

Statt an mir herumzumeckern, lobe ich mich für jeden kleinen Fortschritt, damit ich Kraft bekomme für mehr.

Das Leiden-Vermeiden-Versprechen

Ab sofort leide ich nicht mehr, wenn ich es vermeiden oder bleiben lassen kann. Damit sind keine körperlichen Beschwerden gemeint, die ärztliche Hilfe brauchen, sondern das vermeintliche Gefühl des Leidens durch Anstrengung, Beschwerlichkeit und Hindernisbewältigung auf dem Weg zu meinem Ziel.

Geburtsschmerz ist unumgänglich.

Die Schmerzen bei der Geburt sind für jede Mutter eine schwere Prüfung, die aber damit belohnt werden, dass sie danach ihr Kind in Händen hält.

Genau so ist das mit Geburtswehen in der Arbeit oder bei meinen Vorhaben in meinem Liebesleben oder mit Freizeitbeschäftigungen. Geburtsschmerzen können auftreten, ich nehme sie zur Kenntnis, tue mein Bestes, mit ihnen umzugehen und jammere nie länger als drei Minuten darüber, weil ich sie als Begleiterscheinung meines Glücks erkenne.

Den Mount Everest zu besteigen ist auch kein Spaziergang, aber Alpinisten nehmen die Anstrengungen auf sich, weil sie den Triumph am Gipfel erleben wollen.

Ich unterscheide muss und will

Ab sofort mache ich einen sehr klaren Unterschied zwischen den Worten MUSS und WILL.

Ich muss atmen, weil ich sonst tot umfalle. Ich muss essen und trinken, weil mein Körper Nahrung zum Leben braucht.

Aber was muss ich sonst tun?

Muss ich viel arbeiten, um gut zu verdienen, oder will ich es auch? Wenn ich der Meinung bin, ich muss es tun, wer zwingt mich dazu?

Muss ich meinen Körper fit und gesund halten, oder will ich es? Ich muss es nicht, wenn ich bereit bin mit den Konsequenzen zu leben, krank zu werden oder früher zu sterben.

Muss ich bestimmte Dinge besitzen, weil ich mir davon Status oder ein bestimmtes Lebensgefühl erwarte, das mir von der Werbung überzeugend suggeriert wurde, oder will ich die Dinge, weil sie mir einfach Freude bereiten?

Es ist doch zu spüren, dass jedes Muss mit Anstrengung verbunden ist. Wenn ich das selbe will, dann fühlt es sich sofort leichter und angenehmer an.

Selbst wenn ich das Putzen der Wohnung hasse und es nur tue, weil ich es eben tun MUSS (um nicht im Dreck zu versinken und weil es sauber einfach angenehmer ist), kann ich es mir einfacher machen, indem ich den Erfolg der reinen Wohnung WILL und deshalb das Putzen auf mich nehme.

Gier gegen Leidenschaft

Ich überprüfe, ob die Gier in meinem Leben zu groß geworden ist. In Ruhe sehe ich mir an, was ich wirklich bekommen möchte, was im guten Verhältnis zu meiner Leistung oder meinem Einkommen steht und womit ich weder mich,, noch andere überfordere.

Das Glück schmollt bei Gier

Dazu ein Erlebnis mit einem Freund von mir, nennen wir ihn Ben. Sein Ziel war es immer, sehr gut zu verdienen und reich zu werden. Ben ist ein etwas skurriler, herzlicher und durch und durch ehrlicher Mensch. Ich mochte ihn von der ersten Begegnung an.

Durch geschickten Umgang mit Geld konnte er ein kleines, aber sehr feines Haus in London kaufen. Er hat es selbst hergerichtet und in vielen Monaten in ein wahres Schmuckkästchen verwandelt. Der winzige Garten war liebevoll gestaltet, mit Holzterrasse, Grill, einem kleinen Teich und Palmen in Holzeimern. Am Abend konnten winzige Lichter eingeschaltet werden, die eine romantische Stimmung erzeugten. Ein Blick aus dem Wohnzimmer in den Garten war bei Tag und Nacht eine Freude.

Küche und alle Zimmer waren von Ben persönlich gestaltet und eingerichtet worden. Das Haus hat seine Handschrift und seine Liebe zum Wohnen geatmet.

Irgendwann hat er beschlossen, sein nächstes Projekt zu starten. Dafür wollte er das Haus verkaufen und ein neues Objekt suchen. Das Haus war erst wenige Tage auf dem Markt, da gab es schon vier Interessenten, die sich gegenseitig überboten. Ben hat fünfzehn Prozent mehr für das Haus bekommen als erwartet.

Es begann für ihn eine lange Suche nach etwas Neuem, das er wieder herrichten wollte. Schließlich fand er eine Haushälfte, die er vor allem deshalb wählte, weil sie in einer Gegend lag, für die Makler in nächster Zeit hohe Steigerungen der Hauspreise vorhersagten.

Ben hat diesmal einen jungen Architekten beauftragt, Planung und Umbau zu übernehmen. Die Leidenschaft von früher war einem reinen Profitdenken gewichen. Es wurde noch ein zusätzliches Zimmer errichtet, weil Wohnungen mit drei Schlafräumen laut Makler mehr gesucht waren. Darunter hat aber der Wohnbereich gelitten, der nur noch aus einer Wohnküche und einem winzigen Sitzplatz vor einem Kamin bestand.

Der Ausbau war nicht billig, der erste Rundgang durch das Haus enttäuschend. Nicht nur ich, sondern auch die anderen Gäste der Housewarming-Party spendeten höfliche Floskeln der Bewunderung, die aber nicht sehr ehrlich klangen.

Bei der Party ging das Gespräch vor allem um die rasant steigenden Preise der Umgebung. Ben behauptete, beim Verkauf in den nächsten Monaten einen Gewinn von fünfzig Prozent zu erzielen. Wir alle beneideten ihn ein wenig, denn wer wollte nicht so viel Geld in kürzester Zeit verdienen.

Es kam aber anders. Diesmal überboten sich die Interessenten für das Haus nicht. Anfänglich schreckte der hohe Preis alle ab. Die wenigen, die das Haus besichtigten, machten Offerte, die unter Bens Vorstellungen lagen.

Völlig überraschend ging die Volksabstimmung in Großbritannien für den Brexit aus. Danach stagnierte der Londoner Immobilienmarkt und ging sogar zurück. Außerdem erklärten Leute, die das Haus besichtigten, dem Makler, dass der fehlende Wohnbereich für sie nicht akzeptabel war. Die meisten hatten ein oder zwei Kinder und wollten am Abend nicht nur am Küchentisch mit ihnen sitzen. Die Räume empfanden viele als zu eng und Architektur und Einrichtung wie aus dem Katalog, kühl und ohne Handschrift. Bens Flair und seine eigene Wohnfreude waren in dem Haus nirgendwo zu finden.

Nach mehr als zwei Jahren und jeder Menge verlorener Nerven wegen Deals, die im letzten Moment platzten, schaffte Ben es, die Haushälfte mit einem Gewinn von 0,3 Prozent endlich an den Mann zu bringen.

Keiner gab es zu, aber Bens Bekannte und Freunde verspürten einen Hauch von Schadenfreude. Es war Bens Gier, die uns alle verstört hatte. Seit damals ist er wieder der Alte. Seinen Job in einem Startup, wo er jahrelang auf einen Millionenanteil gewartet hatte, den er bei einem möglichen Verkauf bekommen könnte, gab er auf. Heute stellt er in bester Qualität und zu einem sehr vernünftigen Preis die berühmten englischen Schiebefenster her. Weil bei diesem Geschäftsmodell alles stimmt, wird es immer erfolgreicher und sein Verdienst kann sich sehen lassen.

Weitere Punkte im Vertrag
mit dem Glück

Ehrgeiz statt Neid

Statt andere zu beneiden für das, was sie haben, entwickle ich gesunden Ehrgeiz.

Es soll Ehrgeiz sein, Ziele zu erreichen, die mir wichtig sind und die für mich nach Glück riechen. Wenn ich alles daransetze, mein Bestes zu geben, werde ich viel Freude haben, meine Gesundheit bleibt verschont und vielleicht mag das Glück meine Vorhaben und hilft mir zu Erfolg.

Das ist aber nicht der Hauptgrund, wieso ich alle Anstrengung und Arbeit auf mich nehme. Die Befriedigung aus der Tätigkeit ist mir das Wichtigste.

Verträge sind eine anstrengende Sache.
Zur Entspannung die unglaubliche
Geschichte von Fiona Frankenstein.

Fiona Frankenstein oder
Wie man einen Traummann baut

Fiona Frankenstein war eine weitläufige Nachfahrin von Professor Frankenstein. Sie lebte in der Stadt, arbeitete als Assistentin einer Geschäftsführerin, die ihr schwer auf die Nerven ging und war Single. Fiona besaß Profile auf drei verschiedenen Datingplattformen und ging jedes Wochenende aus. Sie hatte schon viele Männer kennengelernt, war einigen näher gekommen und hatte mit manchen losen Kontakt.

Der »Richtige« ist aber bisher nie dabei gewesen.

An einem Freitag bekam Fiona unerwartet Besuch von einem Notar. Er teilte ihr mit, dass sie das Schloss ihres Vorfahren, des sagenumwobenen Professor Frankensteins, geerbt hatte. In seinem Testament hatte er verfügt, dass es viele Jahre lang leer stehen musste, bevor jemand die Erbschaft antreten durfte.

Fiona fuhr zu dem Schloss, dessen Adresse aber nicht bekanntgegeben wird. Sie schaffte es, das verrostete Tor aufzuschließen und wandelte durch Räume, die seit gut hundert Jahren niemand betreten hatte. Überall dicke Schichten Staub und viele Spinnweben. Da Professor Frankenstein auf mysteriöse Weise von einem Tag auf den anderen verschwunden war, fand sie alles noch genau so vor, wie er es hinterlassen hatte.

Sie betrat sein Arbeitszimmer mit Buchregalen vom Boden bis zur Decke. Frankenstein hatte Bücher über den menschlichen Körper gesammelt, über elektrische Energie und das Erschaffen von künstlichem Leben. Auf dem Schreibtisch lag noch seine Brille, daneben, in einem Glas mit Spiritus, stand ein menschliches Gehirn.

Im Keller stieß Fiona auf das berühmte Labor mit dem Operationstisch und der riesigen Apparatur von Kondensatoren, Transformatoren, Kabeln, Klemmen und Steckern. Sie fand heraus, dass die Verbindung zum Blitzableiter auf dem höchsten Turm noch intakt war und versuchte sich vorzustellen, wie der Professor damals die Energie des Blitzes eingefangen hatte und in das Wesen jagte, das er aus Leichenteilen gebaut hatte.

Das Monster soll zum Leben erwacht sein. Es erhob sich, wurde erzählt, und manche behaupteten, es hätte den Professor getötet und wäre mit seinem leblosen Körper verschwunden. Übermenschliche Kräfte soll es besessen haben und seine Sprache war ein kehliges Stammeln und Grölen.

Als sie dort unten in dem Labor stand, kam Fiona eine Idee. Sie holte sich Bücher aus dem Arbeitszimmer und lud sie in den Kofferraum ihres Wagens. Zu Hause angekommen, begann sie mit dem Studium. Die Werke, die ihr Vorfahre besaß, waren in keiner Bibliothek zu finden und beinhalteten Wissen, das selbst heute noch revolutionär war.

Fiona sammelte alle Information darüber, ein menschliches Wesen zu bauen und mit einer hohen Ladung von elektrischer Energie zum Leben zu erwecken.

Bei einem der nächsten Besuche im Schloss stieß sie neben dem Labor auf einen Kühlkeller, in dem nebeneinander mehrere Metalltische standen. Ihr kam ein Verdacht, was der Professor hier gelagert hatte.

Auf raffinierte Weise lud Fiona nun Männer in das Schloss ein, die sie in den vergangenen Monaten kennengelernt und als teilweise brauchbar empfunden hatte. Sie verriet keinem, wohin die Reise ging und achtete darauf, dass ihre Handys ausgeschaltet waren. Später sollte nie zurückverfolgt werden können, wohin sie die Männer brachte.

Da war zuerst Kevin, der den schönsten Körper besaß, den Fiona jemals nackt gesehen hatte. Dummerweise war er in der Mitte schlecht bestückt und in seinem Kopf klebte überhaupt nur ein Zettel, auf dem LEER stand.

Auch Christoph kam ins Schloss. Er war eine Frohnatur und hatte die sinnlichsten Lippen und aufregendsten Hände, die Fiona kannte.

Roland war der nächste. Mit ihm hatte sie sich stundenlang bis tief in die Nacht hinein unterhalten. Er hatte etwas sehr Beruhigendes, das sie neben ihm gut schlafen ließ. Sex mit ihm war allerdings genau so: einfach zum Einschlafen.

Lothar war auch Gast im Hause Frankenstein. Bei ihm war Fiona nur an einem Körperteil interessiert. Es handelte sich aber nicht um Arme, Hände oder Beine, sondern einen Freudenspender.

Mark war der letzte in der Reihe. Bei ihm war es die Stimme, die bei Fiona Gänsehaut und andere Zeichen von Erregung verursachte. Oh, wie sie es liebte, dem Klang seiner Stimme zu lauschen. Leider war es nur die Stimme, die Worte hatten keine Bedeutung. Aber nun spielte das keine Rolle mehr.

Donnerstag war Feiertag, Freitag ein sogenannter Fenstertag und das Wochenende ohnehin frei. Fiona hatte alles genau berechnet und ging zielstrebig und eiskalt vor.

Am Donnerstag betraten nacheinander Kevin und Christoph das Schloss, das sie nie wieder verlassen sollten. Am Freitag folgte Lothar zu Mittag und Roland am späten Nachmittag. Samstag hätte es beinahe eine Panne gegeben, weil Mark das Schloss auf eigene Faust inspizierte, während Fiona auf der Toilette war.

Sie hörte Marks Schrei und fand ihn im Kühlkeller. Er stand in der Tür und starrte auf die Metalltische. Auf jedem lagen zwei nackte Männerleichen. Als er nach seinem Handy greifen wollte, musste er feststellen, dass es nicht mehr in seiner Tasche war. Das Letzte, was er von der Welt sah, war das Messer, mit dem ihn Fiona erstach. Sie hatte eigentlich nach einem Hammer gegriffen, sich dann aber erinnert, dass sie Marks Hals nicht beschädigen durfte. Harte Schläge könnten sich ungut auf den Kehlkopf und die Stimme auswirken.

Mark war der Einzige, der einen Metalltisch für sich allein bekam. Fiona streifte den Chirurgenkittel über und machte sich an die Arbeit.

Für den Abend waren heftige Gewitter vorhergesagt und Fiona musste sich beeilen. Trotzdem mahnte sie sich zur Ruhe und Bedachtheit.

Kevin kam als Erster auf den Operationstisch unter der Apparatur im Labor. Fiona nannte ihn »die Wursthaut«, die sie nun zu füllen begann.

Lippen und Hände spendete der sinnliche Christoph, das Hirn der amüsante Roland. Lothar war um sein bestes Stück ärmer, Kevin dafür reicher und die kleinste Spende kam von Mark in Form seiner Stimmbänder.

An Rindfleisch und Brathühnern hatte Fiona die Kunst der chirurgischen Naht geübt und als sie nun den Mann betrachtete, den sie da zusammengestellt hatte, erfüllte sie ein Gefühl der Zufriedenheit. Das, was einmal Kevin gewesen war, hatte nun alle Attribute und Körperteile, die Fiona an ihm vermisst hatte. Es war ihr gelungen, den perfekten Mann zu schaffen und die gelungenen Nähte würden jeden Schönheitschirurgen vor Neid erblassen lassen.

Über dem Schloss ballten sich dunkelgraue Gewitterwolken zusammen. Der Donner grollte und die ersten kleinen Blitze zuckten.

Fiona tauschte den Ärztemantel gegen ein hautenges Cocktailkleid. Sie legte perfektes Makeup auf und besprühte sich mit ihrem liebsten Parfüm, das den klingenden Namen »Poisonous Love« trug. Wenn ihr Traummann zum Leben erwachte, sollte sein erster Blick auf seine Traumfrau fallen. Er würde sie für unwiderstehlich halten. Fiona freute sich schon auf die erste Liebesnacht, sinnliche und intelligente Gespräche und mehr.

Über ihr donnerte es immer lauter. Fiona kontrollierte ein letztes Mal die Einstellungen der Anlage ihres Vorfahren. Sie sah an den mächtigen Kondensatoren und Spulen hoch. Eine Metallstange, dick wie ein Unterarm, ging hoch bis zum Dach des Turmes, aus dem ein dünner Blitzableiter zum Himmel ragte.

Lange konnte es nicht mehr dauern. Die Gegend war für verheerende Unwetter bekannt. Professor Frankenstein hatte deshalb sein Schloss hier erbaut.

Der erste Blitz schlug ein. Er schoss mit knisternden Lauten und vielen winzigen Lichtfäden am Metall herab. Leider war er zu schwach, um den Traummann zu erwecken, aber stark genug, um eine Steckverbindung der Anlage auseinanderspringen zu lassen.

Die alten Mauern erbebten unter dem nächsten Donnerschlag. Fiona kletterte auf den Operationstisch, was im Cocktailkleid eine Geschicklichkeitsaufgabe war. Sie packte die Metallteile und ihre Hände zitterten, als sie das Ende der Leitung zurück in die Rundklemme bugsierte.

Der Blitz kam mit einem scharfen Zischen. Ein greller Strahl schoss vom Dach herab und ließ das Labor für den Bruchteil einer Sekunde weiß wie eine Eishöhle leuchten. Als die Energie des Blitzes durch sie durchfuhr, hatte Fiona ein Gefühl, als würde das Blut in ihrem ganzen Körper zum Sieden gebracht.

Wissenschaftler rätseln, ob sie das Zerplatzen der eigenen Haut noch gehört hatte und wie laut der Knall gewesen sein konnte. Erst Jahre später, als ein Mann nahe dem Schloss eine Autopanne hatte und es auf der Suche nach Hilfe betrat, wurde das grausige Geheimnis entdeckt. Der

Anblick im Labor ließ den Mann von einer Sekunde auf die andere graue Haare bekommen. Er war darüber sehr froh, weil er davor eine Glatze gehabt hatte.

Die Moral von der Geschichte:
Den Traummann, der alle Wünsche und
Bedürfnisse befriedigt, die wir haben, gibt es
nicht. Das gleiche trifft auf Frauen zu.
Daher steht im Vertrag mit dem Glück:

Ich stelle keine unerfüllbaren Ansprüche

Kein Mensch ist perfekt. Damit ich meine Partnerin oder meinen Partner nicht überfordere und ihn beschuldige, mich nicht glücklich zu machen, erkenne ich an, dass niemand alle meine Wünsche erfüllen kann. Wichtig aber ist, dass mein Partner oder meine Partnerin in mir den Großteil der Eigenschaften findet, die ein angenehmes Zusammenleben ermöglichen, und umgekehrt natürlich genauso. Wir werden besprechen, wie ich die Interessen, die wir nicht teilen, trotzdem verfolgen kann und umgekehrt. Da ich aber keine Ansprüche stelle, die nicht erfüllbar sind, werden wir beide in unserer Beziehung wesentlich glücklicher sein.

Ich höre genau hin –
vor allem auf meine innere Stimme

Es ist hilfreich, sich mit Familie und Freunden zu besprechen und Rat von Fachleuten zu holen. Vor allem, wenn größere Entscheidungen über die Zukunft bevorstehen oder ich an einer Weggabelung im Leben angekommen bin.

Zu viele Meinungen und zu viel guter Wille von Leuten kann aber verwirrend sein. Manche finden auch, dass nur ihre Meinung richtig ist und sind beleidigt, wenn ich nicht ihrem Ratschlag folge.

Ich erkenne an, wie viele wichtige Informationen ich von anderen bekommen kann, aber vor allem höre ich auf eine besonders wichtige Stimme: meine eigene innere Stimme. Ich achte darauf, nichts zu tun, wovor sie mich warnt. Wenn sich meine innere Stimme meldet, beachte ich sie.

Damit ist aber nicht die nörgelnde Stimme in meinem Kopf gemeint, die mir das Leben schwer macht. Es geht um das »gute« oder »schlechte« Gefühl, das Situationen, Menschen und Entscheidungen in mir auslösen.

»Was hast du mir zu sagen, liebe innere Stimme?«, ist eine Frage, die das Glück geschickt haben kann. Manchmal aber muss ich genau verstehen, was die Stimme von mir möchte.

Meine Intuition, wie sie auch genannt wird, ist mindestens ebenso wichtig wie alle Berater.

Mit Vergleichen gehe ich schlau um

Das Unglück liebt es, wenn wir uns mit anderen vergleichen. Andere haben mehr als wir. Andere können mehr. Andere sind glücklicher.

Ich erkenne an, dass es immer Menschen geben wird, die mehr als ich besitzen, mehr Erfolg haben oder vielleicht auch glücklicher erscheinen.

Wenn ich schon vergleiche, dann auch in die andere Richtung mit Leuten, die weniger als ich haben, weniger erfolgreich sind und unglücklicher.

Das tue ich nicht aus Schadenfreude, sondern weil Vergleiche nach oben menschlich sind, aber unzufrieden machen.

Zur Erinnerung, dass sie für mich
nicht gut sind, sollen mir immer
Vergleiche nach unten einfallen.

Am besten ist natürlich, wenn ich mich selbst nur mehr mit meinen eigenen Zielen vergleiche, deren Erreichung mich glücklich machen kann.

Vergleich macht das Unglück so
richtig glücklich. Aber wer will das schon?

Das Unglück kann auch glücklich sein. Vergleiche lassen sein nicht vorhandenes Herz hüpfen. Manche Menschen wären gerne Stars, reich und berühmt. Im Vergleich zu jedem Star aus dem Showbusiness können wir uns doch nur wie arme Würstchen vorkommen. Oder?

Eine Freundin von mir hat einen genialen Spruch: Auch Stars müssen auf die Toilette gehen. (Sie sagt das etwas derber und im Dialekt, was den Spruch noch prägnanter macht.) Stars sind auch nur Menschen. Wenn wir uns mit ihnen vergleichen und über ihre Berühmtheit und ihren Besitz neidisch werden, dann wäre es gut, auch alle anderen Aspekte anzusehen.

Was nehmen diese Leute alles auf sich, um so erfolgreich zu sein? Wie gut kommen sie mit dem Ruhm zurecht? Wie lange sind sie schon berühmt?

Es gibt so viele »Stars«, die kurz hochschießen und dann wieder verschwinden. Wie kommen sie damit zurecht?

Im Vergleich sehen wir immer nur einen Teil des anderen Lebens. Aber was ist mit dem Rest? Will ich den auch haben?

Beziehungen zu vergleichen ist auch so eine Sache. Es gibt ein Paar, das ich seit einiger Zeit kenne und auch ein wenig beneidet habe. Die beiden schienen unendlich verliebt ineinander. In der Öffentlichkeit wurde ständig Händchen gehalten und geküsst. Ich hätte das damals auch gerne gehabt und mir kam meine eigene Beziehung weniger romantisch und verliebt vor.

Heute weiß ich, dass diese zur Schau gestellte Verliebtheit manchmal auch einfach nur Show ist. Im Falle des Paares, das ich gerade beschrieben habe, war es so. Zu

Hause haben die beiden, wie ich erfahren habe, gekämpft und gestritten. Es gab Tränen und Beschimpfungen. Im Vergleich dazu war meine Beziehung eine Romcom (=romantische Komödie).

Wenn schon vergleichen, dann nicht nur mit einem Teil einer Person, die uns beeindruckt, sondern mit allen Aspekten. Das Bild, das so entsteht, ist oft ganz anders.

Liebes Glück, sei mein Gast

Der wichtigste Vertragspunkt mit dem Glück lautet für mich:

> *Ich erkenne an, dass es*
> *andauerndes Glück nicht gibt.*

Der Traum von einem glücklichen Leben ist eine Vorstellung, die uns vor allem von Filmen und Romanen in den Kopf gesetzt wird. Wenn unser eigenes Leben dann nicht immer glücklich verläuft, fühlen wir uns schnell einmal als Versager oder Unglückspilze. Das sind wir aber nicht.

Wir sollen alles daransetzen, uns selbst und damit andere glücklich zu machen. Dafür müssen wir aber wissen, was uns wirklich und erfüllend glücklich macht.

Wir werden Glücksmomente im Leben haben, mit denen wir nicht rechnen. Sie kommen überraschend und sind deshalb umso schöner. Wir können uns oft glücklich fühlen und Dankbarkeit über alles, was uns Schönes und Gutes umgibt, kann uns sehr glücklich machen. Sogar in Zeiten, die nicht so fröhlich erscheinen.

Aber es ist mir bewusst, dawiss es Schicksalsschläge geben kann, die mein Glück empfindlich erschüttern. Es kann im Leben manchmal bergab gehen und es geschehen Dinge, die einfach unendlich unfair erscheinen. Deshalb aber hat mich das Glück nicht für immer verlassen. Ich werde mich tieftraurig fühlen, über Verluste trauern, vielleicht eine Zeit lang wenig Mut und Hoffnung haben, aber trotzdem kann das Glück immer zurückkehren. Es ist allerdings immer nur zu Gast bei uns.

Wenn wir vieles, wie schon beschrieben, gut vorbereiten, dann kommt es lieber und meistens auch schneller. Es wird uns manchmal sogar längere Zeit begleiten und wie ein Freund neben uns gehen. Ich will mich nicht davor fürchten, dass es einmal nicht die ganze Zeit bei mir ist.

Ich setze dafür alle Schutzvorkehrungen, damit ich in dieser Zeit liebe Menschen um mich habe, eine kleine Reserve an Ersparnissen, Wissen, Weisheiten und Erfahrungen, wie ich mit mir selbst gut umgehen kann und anderes, das mir in schweren Zeiten helfen kann.

Das Glück schätzt deine Bestleistung

Neben allen Vertragspunkten, die ich aufgezählt habe, gibt es noch einen, den ich für besonders wichtig halte. Es ist dieses Versprechen an das Glück:

Ich werde in jeder Lebenslage alles
daransetzen, das Beste zu tun, das ich
in diesem Moment machen kann.

Vielleicht gelingt nicht alles. Vielleicht erscheint es mir etwas später als Fehler, aber im Moment meines Handelns habe ich mein Bestes gegeben.

Ich achte auf meine Gedanken, damit sie gut sind. Wenn viele negative oder sorgenvolle Gedanken kommen, sage ich zu ihnen: Weiter, der Nächste, bitte.

Ich tue mein Bestes, mit meinen Worten Gutes auszudrücken und weder mein eigenes Glück, noch das Glück anderer, zu beschädigen.

Liebes Glück, bitte verstehe aber, dass ich ein Mensch bin. Mir wird nicht immer alles gelingen. Ich kann im Alltag entgleisen wie ein Zug. Trotzdem setze ich alles daran, meine Gedanken, meine Worte und meine Taten bestmöglich zu gestalten, damit sie mich glücklich machen.

Das gefällt dir doch sicherlich.

Unterschrift:

Das fünfte Geheimnis

Vertrau dem Plan des Glücks

Die Geschichte des Steins

Diese Geschichte soll illustrieren, was ich damit meine, auf den Plan des Glücks zu vertrauen:

Ein Felsstück, das aus einer Bergwand bricht und als Geröll talwärts rollt, kann sich als Verlierer fühlen, der noch dazu die Verbindung zu der großen Wand verloren hat.

Das langsame Rutschen und Rollen ist schmerzhaft und beschwerlich. Es endet in einem Bach, wo das Felsstück langsam fortgeschwemmt wird. Es stößt mit anderen Steinen zusammen, wird dadurch nach und nach geschliffen, bekommt Form und lagert sich schließlich als Kiesel im Flussbett ab.

Der Stein in seinem Material ist gleich, die Form aber ganz anders als früher auf dem Berg.

Der Kiesel liegt mit anderen im Flussbett, bremst oder leitet vielleicht nun den Lauf des Wassers.

Was für eine wichtige neue Aufgabe der Stein nun hat. Er konnte sie nur bekommen, weil er durch viele Ereignisse geschliffen und durch den Strom an den richtigen Ort getragen worden ist.

Ob das schon das Ende für ihn ist? Seine letzte Aufgabe?

Wir werden sehen.

Was ist der Plan des Glücks?

Vorweg etwas Wichtiges: Ich glaube nicht, dass irgendwo in den Wolken eine Lady Glück mit Füllhorn sitzt oder ein Mister Glück, der Glücksblitze schleudert. Ich glaube überhaupt nicht, dass es ein Wesen gibt, das unser Leben plant und bestimmt und wir ihm ausgeliefert sind. Wenn ich an etwas glaube, dann an wohlmeinende Geister (vielleicht auch Götter genannt), die grundsätzlich Gutes für uns wollen. Sie haben uns aber den freien Willen gegeben und mit Freiheit kommt immer die Verantwortung, in diesem Fall für das Leben und die Welt. Außerdem gibt es da noch eine andere Kraft, Schicksal genannt. Sie meldet sich fast immer unerwartet, manchmal mit Wendungen zum Guten und manchmal mit schweren Schlägen, die drohen, uns aus der Bahn zu werfen. So schwer es oft fällt, müssen wir sie akzeptieren.

Die Frage nach Sinn oder Gerechtigkeit von
Schicksalsschlägen ist müßig, kostet
unnötig Kraft und kann uns verbittern lassen.

Was also ist nun mit dem »Plan des Glücks« gemeint? Erklären möchte ich es anhand von Beispielen aus der Geschichte, die ich zu Beginn des Kapitels erzählt habe.

Der Stein ist ein Symbol für uns. Wir können einer Gemeinschaft angehören (dargestellt durch das Gebirge), in der wir uns sicher und stark fühlen. Das ändert sich aber, wenn wir uns loslösen oder gelöst werden. Aus einem Stein, der Teil eines Gebirges war, wird auf einmal ein Stück Geröll.

Daran kann man verzweifeln und zerbrechen. Das Geröllstück kann sich mit anderen Stücken verspreizen und schmollend auf dem Berg bleiben. Oder aber es vertraut auf den Plan, dass der Weg weitergeht.

In der Geschichte hat es das getan und ist schließlich in einen Fluss gefallen und vom Wasser weitergetragen worden. Das Aneinanderschlagen mit anderen Steinen, das Abgeschliffen- und Gerundet-Werden, kann verglichen werden mit Erfahrungen und Lehren im Alltag oder in Gesprächen mit anderen, mit Aus- und Weiterbildung, mit Interessen, die man verfolgt und vertieft.

Aus dem kantigen Stück Geröll wurde ein Kiesel, der im Flusslauf eine wichtige Aufgabe übernimmt. Er bremst das Wasser, gemeinsam mit anderen. Er lenkt in Gemeinschaft eine große Kraft.

Das hätte sich der Kiesel niemals gedacht, als er noch ein Teil des Gebirges war, das noch immer über ihm aufragt. Es kann der Plan des Glücks für ihn sein.

Natürlich ist der Weg des Steins eher passiv gewesen. Er wurde von Wetter und Wasser bewegt. Trotzdem aber ist sein Weg mit unserem Weg durch das Leben vergleichbar. Wir Menschen haben die Möglichkeit, aktiver zu sein, Entscheidungen zu treffen und bewusste Schritte zu setzen.

In Zeiten, wenn wir denken, es hätte alles wenig
Sinn oder es gäbe keinen Grund zum Glücklich-
sein, hilft die Erinnerung an den Plan des Glücks.

Dieser Moment, in dem ich mich gerade befinde, kann die
Vorstufe zu besseren sein. Manchmal muss ich abwarten,
um die Chance zu erkennen. Manchmal gilt es, bewusst
Aktionen zu setzen. Erst Monate oder Jahre später kannst
du erkennen, wofür gut war, was du durchgemacht hast.

Meinen Erfahrungen mit dem Plan des Glücks

In meinen Leben gibt es dazu viele Beispiele. Ich bin eine
Zeit lang neuen Fernsehprojekten hinterhergejagt. Immer wieder habe ich Ideen für Sendungen angeboten, bin
aber nur auf Ablehnung gestoßen. Immer mehr Konzepte haben sich in meiner Schreibtischlade gesammelt und
mein Frust wuchs dementsprechend.

Trotzdem habe ich immer weitergelernt und mein Wissen über die Gestaltung und Produktion von Sendungen
verbessert und verfeinert. Jahre später bekam ich das Angebot, nicht nur einzelne Sendungen, sondern eine ganze Programmzone zu gestalten und mit meiner eigenen
TV-Firma zu produzieren. Zum Glück wusste ich, wie ich
das anstellen konnte und hatte außerdem viele Ideen für

Sendungen fertig ausgearbeitet. Als ich sie durchgesehen habe, bin ich draufgekommen, dass einige der Konzepte mit Abstand betrachtet gar nicht so gut waren. Die besten aber gingen in Produktion und ein großer Teil wurde sehr erfolgreich.

Das ist für mich ein Beweis für den Plan des Glücks. Ich habe eine Weile nicht bekommen, was ich so sehr wollte. Es war wichtig, weil ich sonst den viel größeren Auftrag nie hätte übernehmen können.

Ein anderes Beispiel aus der jüngsten Vergangenheit. Im Jahr 2017 habe ich durch Zufall begonnen, auf Social Media viel zu posten. Mein Ziel war es, bewusst nur Freudiges und Fröhliches in die Welt zu setzen und damit ein Gegengewicht zu all den negativen Postings zu setzen.

Zur gleichen Zeit habe ich mein erstes Buch für Erwachsene geschrieben. Es war die Fortsetzung meiner erfolgreichen Krimireihe DIE KNICKERBOCKER BANDE, allerdings waren die Protagonisten nun zwanzig Jahre älter und wie die LeserInnen von früher Mitte dreißig.

Innerhalb kurzer Zeit hatte ich tausende von Followern. Jeden Tag kamen hunderte dazu. Viele Leute haben sich gefreut, mich mit erwachsenen Inhalten wiederzutreffen. Das Buch über die erwachsene Knickerbocker Bande landete auf Platz 1 der Roman-Bestsellerliste.

Ein Jahr später habe ich beschlossen, nun auch Videos für YouTube zu drehen. Darin wollte ich einiges erzählen, was ich zum Thema Lebensfreude gelernt hatte. Außerdem sollte es eine erwachsene Fortsetzung einer Kinder-krimi-Serie aus dem TV geben.

Diese Bemühungen haben nie die Erfolge erreicht, die ich mir erwartet hatte. Meine Enttäuschung war groß, weil ich mir extra eine Kamera und Ton-Ausrüstung angeschafft und das Schneiden von Videos mühevoll beigebracht hatte. Schließlich habe ich mit dem Posten auf YouTube wieder aufgehört. Mein Equipment blieb in einer Ecke stehen.

Eigentlich wollte ich es schon verkaufen, aber ein Kollege riet mir, alles zu behalten.

In der Corona-Krise konnten wir in der TV-Firma nicht einfach weiterdrehen. In dem zusätzlichen täglichen Kinderprogramm hat aber etwas Aktuelles gefehlt, eine Anregung für Kinder, damit ihnen zu Hause nicht zu langweilig wurde.

Spontan kam mir die Idee zu einer 5-Minuten-Sendung unter dem Titel MACH MIT. Jeden Tag Tipps für Kinder zum Geschichtenerzählen und Zeichnen.

Gedreht habe ich diese Sendung täglich in meinem Arbeitszimmer zu Hause, mit meiner eigenen Ausrüstung. Zum Glück hatte ich ein gutes Mikrofon und sogar eine Lichtanlage für trübe Tage. Die kleine Sendung hat professionell gewirkt und viel Freude bereitet: Mir beim Produzieren, den Zusehern beim Ansehen und Mitmachen.

Wieder ein Beweis für den Plan des Glücks: Hätte ich nicht mit YouTube-Videos begonnen, könnte ich nicht selbst drehen. So aber war es mir vertraut und nach einigen anfänglichen Schwierigkeiten (ich hatte vergessen, das Mikro einzuschalten oder die Kamera laufen zu lassen), wurde ich immer besser.

Die Kraft des Erduldens

Auf den Plan des Glücks zu vertrauen, heißt aber nicht, sich in den Warteraum zu begeben, den ich in Geheimnis Nummer zwei beschrieben habe. Es kostet Kraft und Aufmerksamkeit, Selbstmitleid und allzu große Verzweiflung bleiben zu lassen, wenn wir im Leben in scheinbar schlechte Lagen geraten.

Wieder einmal möchte ich betonen, wie menschlich es ist ein wenig zu jammern, sich zu bemitleiden oder das Mitleid anderer zu erwarten, zu verzweifeln, zu verzagen und niedergeschlagen zu sein. Wer solche Tiefs krampfhaft zu vermeiden versucht, wird sich selbst erschöpfen.

Ein ständiges und zu angestrengtes »positives Denken« und ein Sehen »des Guten in jeder Situation« ist ebenfalls übermenschlich.

Wir können unser Leben aber dramatisch verbessern, wenn wir nicht in passives Leiden und eine Art Starre verfallen. Seine Umwelt mit andauerndem Gejammer zu nerven wird weder uns, noch andere, glücklich machen.

Es gibt einen Begriff, der nicht sehr angenehm klingt, aber manchmal befreiend und erleichternd sein kann: Erdulden.

Erdulden bedeutet: Der Zustand ist mir
unangenehm, aber ich akzeptiere, dass ich
ihn vorläufig nicht verbessern kann.

Ich habe überlegt, Informationen eingeholt und mit Experten geredet (das können auch Leute aus dem Freundeskreis sein, die viel Hausverstand besitzen). Es gibt im Augenblick nichts, womit ich meine Lage (vielleicht ein Schmerz oder eine Krankheit, Ungewissheit oder lange Abwesenheit) ändern kann. Es tut mir weh, aber erdulden ist die einzige Möglichkeit.

Ich mag das Wort, weil es nicht klingt, wie: Ach, mach dir nichts draus. Ist alles halb so schlimm.

Einiges, das uns zustößt, mag für andere »nicht so schlimm« wirken, für uns ist es das aber schon. Wenn wir bereit sind, es zu erdulden, so gestehen wir ein, wie unangenehm die Lage ist. Gleichzeitig geben wir uns das Versprechen, nicht weiter unnötig dagegen anzukämpfen und das Leid noch zu vergrößern.

Erforsche den Plan des Glücks

Hat das Glück denn immer einen Plan? Folgt wirklich immer etwas Besseres, wenn wir etwas nicht bekommen oder verlieren?

Nein. Das glaube ich nicht. Aber das Glück hat öfter einen Plan, als es uns im Moment erscheint.

Sehr hilfreich finde ich eine Liste mit Dingen, über die ich in der Vergangenheit unglücklich war und meine Sicht auf damals und die Entwicklung bis heute. Jeder findet Beispiele, wo aus einem »Tief« ein unerwartetes »Hoch« wurde. Es tut gut, sich solche Beispiele anzusehen und vor Augen zu halten, wenn ich meine, mich in einem neuen »Tief« zu befinden.

Ich nenne diese Liste meinen »Wer weiß, was daraus wird«-Rettungsring.

Dem Plan des Glücks zu vertrauen bedeutet

- Wir befinden uns ständig in Bewegung auf unserem Lebensweg.

- Geschehen Dinge, die wir als Verlust empfinden, so bedeutet es nicht, dass sie das für alle Zeiten bleiben müssen.

- Das Glück hat oftmals einen Plan für uns. Etwas nicht zu bekommen oder zu erreichen, kann oft wichtig sein, um später etwas wesentlich Besseres zu erlangen.

- Manchmal kann auch ein Grund dafür, dass sich Dinge nicht so entwickeln, wie wir uns das vorstellen, sein, dass wir einfach noch nicht bereit sind. Uns fehlt vielleicht Wissen oder Erfahrung. Das Glück hat uns – wie wir allerdings erst viel später erkennen – vor Fehlern oder Niederlagen bewahrt.

- *Befinden wir uns in einer Lage, die wir auch nach reiflicher Überlegung nicht ändern können, so gilt es, diese zu erdulden. Das bedeutet zu akzeptieren, dass Leiden unvermeidlich ist. Es aber anzunehmen und nicht dagegen zu kämpfen, kann Linderung bringen.*

- *Es hilft, eine kleine Aufstellung der Dinge zu besitzen, die sich für uns besser entwickelt haben, als in der Vergangenheit erwartet. Diese Liste ist ein Rettungsring und bringt Beruhigung und Trost.*

Das sechste Geheimnis

Sei dein Glücksschwein

Meine kleinen Glücksbringer

Ich mag den Brauch, einander zum Jahreswechsel Glücksbringer zu schenken. Glücksschweine finde ich besonders lustig, vierblättriger Klee hat mich schon als Kind fasziniert. Damals haben wir in der Wiese um die Wette gesucht, wer ein vierblättriges Kleeblatt finden kann.

In Wien werden zu Neujahr süße Glücksfische aus Biskottenteig gegessen, allerdings nur auf eine besondere Art und Weise. Damit sie Glück bringen, werden sie vom Schwanz zum Kopf Biss für Biss verspeist, als Symbol für das Vorankommen im neuen Jahr.

Von Reisen nach Indien bringe ich immer Elefantenfiguren mit oder Statuen des Elefantengottes Ganesha. Die Elefanten sollen mich an Ausdauer und stetiges Voranschreiten erinnern, eine Ganesha-Statue ist mit zahlreichen klugen Symbolen ausgestattet, die alle mit wichtigen Glücksregeln zu tun haben.

Ganesha ist der Gott des Erfolgs, der Bildung, der Weisheit, des Wissens und des Wohlstands. Er ist auch der Zerstörer des Bösen, von Stolz und Hindernissen und der Eitelkeit.

Dargestellt wird er meistens als ein sitzender Mensch mit Buddhabauch, vier Armen, einer Krone und zahlreichen Gegenständen, die er hält oder die sich rund um ihn befinden.

Sein Kopf und die großen Ohren stehen für Weisheit. Der kleine Mund bedeutet, weniger zu reden ist besser. Die stechenden Augen symbolisieren Konzentration.

Der einzelne Stoßzahn bedeutet: Bewahre das Gute, trenne dich von dem Schlechten.

Die Axt in der Hand soll erinnern, uns nicht zu sehr an materielle Dinge zu binden.

Der große Bauch ist ein Ausdruck für das friedliche Verdauen des Guten und des Schlechten im Leben, des Ruhens in der Mitte, wie es genannt wird.

Das Seil in der anderen Hand soll helfen, uns näher an die höchsten Ziele zu ziehen.

Die Maus zu Füßen von Ganesha steht für unsere Bedürfnisse und Erwartungen. Je kleiner sie sind, desto leichter können wir sie unter Kontrolle halten. Ganesha benutzt die Maus als Reittier, was ausdrücken soll, die eigenen Wünsche zu beherrschen und nicht von ihnen beherrscht zu werden.

Ich besitze mittlerweile Ganesha-Figuren in allen Größen und aus allen Materialien. Sogar einen Ganesha auf einer Schaukel habe ich. Für mich besonders ist ein Ganesha, der auf einem Elefanten reitet. Der Elefant trägt eine Sänfte, in der zwei Prinzen sitzen. Diese Darstellung ist selten. Normalerweise ist nur ein Prinz in der Sänfte.

Als ich allein war und mich einsam gefühlt habe, ist mir der Ganesha mit den beiden Prinzen auf einem Trödelmarkt ins Auge gesprungen. Ich habe ihn erstanden und als Symbol dafür gesehen, bald wieder zu zweit durchs Leben gehen zu können. Dieser Wunsch ist wenige Monate später in Erfüllung gegangen und seit 2016 bin ich glücklich verheiratet.

Die Wellen des Glücks verstärken

Für mich gibt es einen Unterschied zwischen Glücksbringern, die eine echte Bedeutung haben und Stücken aus Plastik, die bereits am 2. Januar achtlos in einer Schublade landen.

Ich werde nie lachen, wenn jemand ein Hufeisen über der Tür aufgehängt hat (die Öffnung nach oben, damit das Glück nicht herausfällt). Ich habe auch Verständnis für kleine Gegenstände, die Leute eingesteckt haben und ihren Talisman nennen.

Gehört habe ich schon von Glücksunterhosen, die Künstler bei Preisverleihungen tragen. Wenn ihnen ein Kleidungsstück schon einmal Glück gebracht hat, setzen sie es gerne wieder ein, in der Hoffnung, den Erfolg zu wiederholen.

Es gibt Schauspieler, die keine Premiere am Theater spielen können, wenn nicht ihr Glücks-Kuscheltier in der Garderobe sitzt und auf sie wartet.

Einfach lächerlich? Oder kindlich?

Das sehe ich nicht so. Meine Ganeshas (ah ja, ich habe auch einen als Anhänger an einem Lederband von meiner Mutter geschenkt bekommen) und alle Dinge, von denen Leute fest annehmen, sie könnten ihnen Glück bringen oder Kraft geben, lösen in uns etwas es, das für das Glück Bedeutung hat.

Wir glauben an diese Glücksbringer und Glaube kann sprichwörtlich »Berge versetzen«. Wenn ich meine Ganesha-Figuren ansehe, erzeugen sie in mir ein angenehmes Gefühl von Stärke, Ruhe und Weisheit. Ein Künstler, der seine Glücksunterhose oder das Premieren-Kuscheltier bei sich hat, versetzt sich selbst einen Kick an Zuversicht.

Das alles sind Energien. Es sind Schwingungen, die sich nach allen Seiten hin ausbreiten. Die glückliche Fügung und das Glücksgefühl haben auch ihre spezielle Wellenlänge.

Wie wir aus der Physik wissen, können zwei Wellen einander auslöschen. Sie können einander aber auch verstärken. Ein Beispiel für das Auslöschen sind Kopfhörer, die Nebengeräusche überlagern und damit zum Verstummen bringen können. Das Verstärken von Wellen der gleichen Frequenz findet statt, wenn zwei Wellenberge aufeinandertreffen. Dann entsteht ein noch höherer Wellenberg.

Glücksbringer können
Wellenberge in uns auslösen, die
glückliche Wellen hochschlagen lassen.

Die Objekte, von denen wir gerne annehmen, sie könnten uns Glück bringen, sind Helfer, wenn es darum geht, uns in Glücksstimmung zu bringen, sie schwingen zu lassen und auszustrahlen.

Glücksschwingungen sind von höchster Bedeutung, denn es gibt das Gesetz der Anziehung, das besagt, dass Gleiches von Gleichem angezogen wird.

Freude zieht also Freude an.

Umgekehrt ziehen aber ärgerliche Gedanken noch mehr Ärger an.

Sei nie dein UNGLÜCKSbringer

Wenn leblose Gegenstände als Glücksbringer so viel Kraft haben, müssten wir selbst noch viel größere Glücksbringer sein können.

Allerdings im Umkehrschluss auch Unglücksbringer, wenn wir nicht aufpassen. Daher eine Warnung zuerst, bevor ich erkläre, wie du dein bestes Glücksschwein sein kannst.

In meiner Schulzeit gab es die Angewohnheit einiger MitschülerInnen, sich vor Schularbeiten oder Prüfungen in der Pause ständig gegenseitig vorzusagen: »Ah, ich schaff das nicht. Ich schaffe das nicht.« Es war ein Ritual des gegenseitigen Aufstachelns und eine Art Gemeinschaftsübung zum vermeintlichen Nervositätsabbau.

Natürlich war das genaue Gegenteil der Fall. Die Mädchen und Burschen haben sich in eine Schwingung versetzt, die ein Scheitern begünstigt hat. Ging die Prüfung daneben oder gab es eine schlechte Note auf die Schularbeit, so konnten sie sich mit dem Gedanken beruhigen, es »ohnehin schon gewusst zu haben«.

Die selbsterfüllende Prophezeiung ist ein anderes Beispiel, wie man Unglück anziehen kann. Pessimistische Gedanken, die nicht der Vorsicht dienen, sondern einfach negativ sind, können Negatives anziehen. Manche Menschen scheinen geradezu Befriedigung daraus zu ziehen, auf diese Weise Recht zu bekommen.

Die Aussage: »Das klappt nie!« kann den Beweis anziehen, dass eine Sache eben wirklich nie klappen kann.

Vor einiger Zeit haben wir ein Familienessen bei uns veranstaltet. Es gab Englische Fischpastete. Mein Mann war früher Koch und hat sein Können nicht verlernt. Beim Servieren hat er berichtet, wie sorgsam er beim Putzen der Fische vorgegangen ist. Es war also höchst unwahrscheinlich, noch eine Gräte zu finden.

Ein Familienmitglied hat daraufhin sofort verkündet, dass er immer die einzige Gräte bekommt. Sein Wunsch ist prompt in Erfüllung gegangen. Niemand anderer (wir waren zehn Leute) hatte eine Gräte im Mund oder auf dem Teller, nur er.

Besonders bedauerlich finde ich das Beispiel aus meiner Familie, weil dieses Mitglied sich oft beschwert, wie mühsam im Leben alles doch sei und wie viele Vorhaben gescheitert sind. Schuld sind natürlich immer andere Leute, niemals er selbst.

Das sehe ich anders und ich nehme an, du auch.

So wirst du dein größter und wichtigster Glücksbringer

Wenn es dir Spaß macht, sieh dich als Glücksschwein, das zu groß ist, um durch deine Eingangstür zu kommen. Es muss den Bauch einziehen und sich schmal machen und trotzdem bleibt es noch im Türrahmen stecken.

Diese Vorstellung kann helfen, weil sie einen erstens zum Lachen bringt und zweitens, weil das Hirn sie gerne behält. »Normale« Bilder verschwinden viel schneller wieder.

Der eigene Glücksbringer zu sein ist ein Entschluss und deine Verantwortung.

Du kannst fast immer entscheiden, was du denkst. Es ist oft eine Herausforderung und braucht Konzentration und Aufmerksamkeit, aber es ist möglich.

Denkst du glückliche Gedanken, erzeugst du glückliche Gefühle und Gefühle sind ein Turbomagnet. Diese Gefühle senden Wellen aus, die es dem Glück leichter machen, in dein Leben zu kommen. Bring dich innerlich in eine glückliche Stimmung, um mehr glückliche Momente anzuziehen.

Keiner von uns wird per Gesetz gezwungen, wütend zu sein, sich zu ärgern oder unglücklich zu fühlen. Es ist unser freier Wille, der natürlich von Ereignissen in unserem Alltag beeinflusst wird. Nach einer Schreckminute oder einem heftigen Luftschnappen liegt es wieder an uns, zu entscheiden, wie wir die Sache sehen und welche Gefühle wir entwickeln wollen.

Glückliche Wendungen anzuziehen braucht aber eine zusätzliche Mithilfe. Du musst dem Glück eine Chance geben. Es gibt einen Witz, der das wunderbar illustriert.

Ein Mann betet jeden Tag: »Lieber Gott, mach mich reich. Mach mich reich.«

Aber nichts tut sich.

Der Mann betet immer weiter, aber nach zehn Jahren platzt ihm der Kragen und er schreit: »Ich verfluche dich, Gott, du hast mich nie reich gemacht.«

Da reißt der Himmel auf und die Stimme Gottes dröhnt: »Kannst du mir wenigstens einmal eine Chance geben und Lotto spielen?«

Gib dem Glück eine Chance

Du musst dem Glück die Möglichkeit geben, dich zu unterstützen und dir zu helfen.

Achtest du darauf, dein eigener Glücksbringer zu sein, wirst du dir selbst weniger im Weg stehen. Du denkst mehr an das Gelingen und umgibst dich mit Menschen, die an dich und deine Pläne glauben und dich unterstützen oder begleiten. Das allein kann dich deinen Zielen schon ein gutes Stück näher bringen.

Überlege dann aber trotzdem, ob es noch etwas zu tun gibt, damit sich die Dinge gut entwickeln können.

Ich werde oft von Leuten gefragt, wie man einen geeigneten Verlag findet, um ein Buch zu verlegen. Wenn ich nachfrage, was sie geschrieben haben, kommt manchmal die überraschende Antwort: »Ich habe da eine Idee. Aber bevor ich sie schreibe, sehe ich mich erst nach einem Verlag um.«

Auf diese Art bekommt das Glück einfach keine Chance. Zuerst einmal gilt es, mit Lust und Freude etwas zu schreiben. Auch wenn es mittlerweile fast unmöglich ist, als Neuling ein Manuskript unterzubringen, hat es trotzdem höhere Chancen, wenn du es herzeigen kannst und nicht nur vage von einer Idee erzählst.

Das Rezept für Lebensglück

Ein solches Rezept hilft gegen Unzufriedenheit und das nagende Gefühl, es könnte da noch etwas fehlen. Wenn du es befolgst, wird es dir mehr positive Gefühle verschaffen, die deine Glücksbringer-Kraft verstärken.

Laut mehreren Glücksforschern bräuchte ein Gericht mit dem Namen »Lebensglück« folgende Zutaten:

*Gute Freunde (übrigens sind auch ein, zwei oder drei
schlechte hilfreich, weil du dann den Unterschied
besser erkennst)*

Eine Partnerschaft in Liebe

Eine Tätigkeit, einen Beruf, der dich erfüllt
und zu dir und deinen Fähigkeiten passt

Genügend Geld für alle grundsätzlichen
Ausgaben für Essen, Wohnen, Kleidung und
etwas mehr für Dinge, die das Leben schön machen

Drei schöne Momente am Tag

Dankbarkeit für alles

Die Würze für alles ist ein Glaube oder eine Philosophie, die dir Halt gibt, Weiterbildung, vor allem aber Gesundheit.

Der Trick mit den Pferdeäpfeln und dem Tennisschläger

Noch ein guter Trick, wie du dich selbst glücklicher machen kannst.

Was ich jetzt vorschlage, ist öfters anstrengend und braucht einiges an Überlegung. Aber es lohnt sich.

Es macht glücklich, sich vom Kleinkram
des Tages nicht zermürben zu lassen.

Statt dir einen problemfreien Tag zu wünschen, gehe davon aus, dass an jedem Tag Probleme und unangenehme Vorfälle herumfliegen wie Pferdeäpfel. Einfach widerlich und unerwünscht und scheinbar unnötig. Leider ist das aber unvermeidbar.

Manche dieser Pferdeäpfel kannst du wie mit einem Tennisschläger fortschießen. Andere aber landen vor deinen Füßen. Ein echter Lebenskünstler ist der Mensch, der aus einem solchen Pferdeapfel des Alltags ein Goldstück machen kann.

Vor einiger Zeit habe ich auf WhatsApp ständig Anrufe von einer Person bekommen, deren Name mir unbekannt war. Es gelang mir aber nie, einen dieser Anrufe entgegenzunehmen, weil der Anrufer schon wieder aufgelegt hatte. Ich habe versucht herauszufinden, wem die Nummer gehört, war aber dabei nicht erfolgreich. Schließlich hat es mir gereicht und ich habe zurückgerufen.

Abgehoben hat ein Herr, den ich um eine Erklärung gebeten habe, wieso er mich ständig stört. Er konnte mir glaubhaft versichern, das nicht mit Absicht getan zu haben. Wir waren aber beide in einer WhatsApp-Gruppe, die eine Nachbarin anlässlich der Ankunft ihres neuen Hundes angelegt hatte. Der Herr war etwas älter und neu bei WhatsApp. Er wollte auf einen Kommentar von mir antworten, den er sehr treffend fand. Dabei aber hat er mich angerufen. Es war ihm unendlich peinlich und es folgten viele Entschuldigungen.

Wie sich herausstellte, wohnte der Mann in derselben Straße wie ich. Wir haben am Telefon ein wenig weitergeplaudert und er hat mir von seiner Leidenschaft für Gitarre und Ukulele erzählt. Da ich selbst gerne auf meiner Ukulele (mehr schlecht als recht) spiele, habe ich ihn nach einem Lehrer oder einer Lehrerin gefragt. Er hat angeboten, mir selbst Unterricht zu geben.

Bingo.

Ich hätte mich natürlich auch gigantisch aufregen können und schimpfen. Aber so ist aus einer lästigen Störung ein Goldstück entstanden, von dem mein Ukulelespiel profitiert hat.

Drei einfache Arten, deine eigene Kraft des Glückbringens zu verstärken

Dankbarkeit habe ich schon beschrieben

Dankbarsein für all das Gute, das Glück, das dir schon wiederfahren ist und die glücklichen Momente, die du erleben kannst.

Natürlich auch für Menschen und Dinge, die dich glücklich machen, Haustiere eingeschlossen.

Eine starke Schwingung erzeugt auch unsere Wertschätzung für andere Menschen

Nichts ist selbstverständlich und jeder freut sich, wenn er spürt und hört, dass seine Person und seine Aktion geschätzt wird. Kleine Gesten und ehrliche, herzliche Worte können Großes auslösen. Darüber hinaus machen sie uns selbst glücklich.

Wirf mit ehrlicher Anerkennung einfach um dich. Erwarte dafür weder Dank noch eine freudige Reaktion. Sei nicht enttäuscht, wenn Leute seltsam, fast ablehnend reagieren. Es gibt einige, die mit Anerkennung nicht gut umgehen können. Sie sind es gewohnt, kritisiert zu werden und kennen alle möglichen Reaktionen darauf. Lob bringt sie in Verlegenheit. Das aber soll dir egal sein. Deine Worte, die wirklich zutiefst ehrlich gemeint sein müssen, schicken positive Energie.

Das Glück im Leben will gefeiert werden

Damit meine ich keine Besäufnisse oder lautstarke Feiern, nach denen viele Kopfschmerzen haben.

Gefeiert kann auf vielerlei Arten werden.

Manchmal feiere ich mit mir selbst, wenn ich zum Beispiel ein Buch fertig habe. Ich trinke gerne einen Schluck guten Wein und proste mir zu.

Schöner ist es natürlich zu zweit. Aber abgesehen von Festen zu Geburtstagen und anderen familiären Anlässen gibt es zum Beispiel im Beruf so viele kleine und größere

Erfolge, die ein kurzes Innehalten und gemeinsame Freude verdienen.

Das Gefühl der Zielerreichung, das Glücksgefühl, werden dadurch verstärkt und alle Beteiligten können damit umhüllt werden, wie von einer Wolke. Es braucht keinen Alkohol, nur etwas, das den Alltag durchbricht und ein Genuss ist. Ich hatte schon Feiern mit hausgemachten Säften, die sehr festlich waren.

Zu feiern ist ein Zeichen an das Glück: Danke, ich schätze sehr, was da geschehen ist. Ich bin auch bereit für mehr und werde mein Bestes dafür tun.

Um dein Glücksbringer zu sein...

- Bringe dein Inneres so oft wie
möglich in glückliche Schwingungen.

- Ein Talisman oder andere Symbole,
die dir etwas bedeuten, sind
dabei eine große Unterstützung.

- Sei dir bewusst, dass deine Energie,
deine Ausstrahlung und die Wellen, die
duerzeugst, rund um dich etwas auslösen. Du kannst Glückswellen anziehen oder
aber mit schlechter Energie auslöschen.

- Beschwere dich nicht, dass du kein Glück
hast, sondern gib dem Glück eine Chance. Es
braucht »Material«, mit dem es arbeiten kann.

- Lass dich von den fliegenden Pferdeäpfeln des
täglichen Wirbels nicht schmutzig
machen. Spiele sie zurück, oder noch besser:
Versuche, Goldstücke daraus zu machen.

- *Drücke deine Wertschätzung aus, erwarte dir aber nicht das Gleiche zurück.*

- *Feiere Glücksmomente, allein oder mit allen Beteiligten. Das verstärkt das Glücksgefühl und ermöglicht es dir, mehr davon anzuziehen.*

Das siebente Geheimnis

Schreibe am Comic-
buch deines Lebens

Unser Leben als Comicbuch

Vor einiger Zeit wurde ich eingeladen, auf einer großen Comicmesse eine Autogrammstunde zu geben und am Abend einen Vortrag zu halten: Thema Lebensfreude.

Ich habe mich sehr geehrt gefühlt, unter all den berühmten Comiczeichnern und Darstellern aus Fantasy-Filmen sein zu dürfen. Für die Abendveranstaltung hatte ich verschiedene meiner Tricks für mehr Lebensfreude ins Auge gefasst, über die ich reden wollte. Als ich dann aber auf der Messe diese vielen aufwendig gestalteten Comicbücher und Hefte gesehen habe, ist mir eine andere Idee gekommen.

Mit einigem Herzklopfen bin ich auf die Bühne getreten und habe in einen Vortragssaal geblickt, wo mehr als 700 Menschen auf mich gewartet haben. Mit so vielen hatte ich nicht gerechnet.

An diesem Abend habe ich zum ersten Mal vom COMICBUCH DES LEBENS erzählt, mit dem du in jeder Phase deines Lebens beginnen kannst. Es ist möglich, einige Kapitel rückblickend zu verfassen und sogar schon im Vorhinein Seiten zu gestalten.

Versuche jetzt, im Kopf dein persönliches Comicbuch entstehen zu lassen. An vielen Tagen hilft mir diese Vorstellung sehr und du wirst gleich erkennen, wieso.

Titel und Titelbild deines Lebensbuches

Hättest du eine Idee, was als Titelbild auf das Comicbuch deines Lebens kommen soll? Wie könnte ein Titel lauten? Möchtest du dir vielleicht einen speziellen Namen geben, denn schließlich bist du die Heldin oder der Held der Geschichte.

Das Cover des Comics muss nicht immer gleich bleiben, es kann sich im Laufe der Jahre verändern. Im Leben wird es auch nicht nur einen Band geben, sondern mehrere. Wenn du im Augenblick keinen Einfall dazu hast, ist das kein Grund zur Beunruhigung. Ideen brauchen Zeit, um zu reifen.

Mein Comic hätte als Serientitel:
Tom Storyteller

Der Titel des neuen Bandes:
Jäger der größten Glücksgeheimnisse

Ich selbst würde mich als eine Art Indiana Jones darstellen, allerdings mit Laptop unter dem Arm, statt der Peitsche in der Hand. Mein Gesichtsausdruck muss eine Mischung aus Abenteuerlust und Lächeln sein. An meiner Seite mein Jack Russell Terrier Joppy.

Die einzelnen Bilder

Das Comicbuch deines Lebens entsteht Tag für Tag.

Stell dir jeden Tag als neues Kästchen vor. An besonders ereignisreichen Tagen können es auch mehrere sein.

Es liegt an uns als Zeichner und Autoren, wie wir jedes Kästchen gestalten wollen. Sollen die Farben fröhlich sein, sonnig und warm? Oder möchtest du kühlere Farben, siehst du den Tag überhaupt schwarzweiß?

Die grundsätzliche Farbgebung unseres Comicbuchs bestimmen wir selbst. Das soll dir immer klar sein.

In jedes Kästchen des Tages werden wir hineingezeichnet. Außerdem die Dinge, die an diesem Tag geschehen. Das können Personen oder Ereignisse sein, die uns freuen oder aber das Leben nicht ganz so leicht machen.

Deine Denkblasen und Sprechblasen

Jetzt kommt das Wichtigste: Du selbst bist der Autor oder die Autorin und du bestimmst, was in der Denkblase stehen soll, oder in der Sprechblase.

Was wir nicht beeinflussen können, was einfach geschieht und uns um die Ohren fliegt, das können wir nur annehmen. Der Grundsatz, der gar nicht so einfach zu akzeptieren ist, lautet: Es ist, wie es ist.

Als das Corona-Virus über uns hereingebrochen ist, die Ausgangsbeschränkungen verhängt und Schulen geschlossen wurden, war das ein Schock. Grund zu jammern und zu klagen hatten wir mehr als genug. Es ist auch sehr menschlich, deiner Enttäuschung Ausdruck zu verleihen. Die Frage ist nur, für wie lange Zeit? Tage und Wochen sind Zeitverschwendung, selbst Stunden sind zu lang. Ein paar Minuten sollten reichen.

Bei all diesen schrecklichen Entwicklungen und Veränderungen kannst du in die Sprechblase also etwa eintragen: »Es ist so unfair! Das darf es nicht geben! Ich halte das nicht aus!«

Oder aber du schreibst: »Mist! Wie mache ich jetzt das Beste aus der Sache?«

In der Denkblase können alle Horrorvorstellungen über die Zukunft zu sehen sein. Genauso gut aber auch Lichtblicke für die nächste Zeit, auf die du dich freust und der Vorsatz: »Ich schaffe es, mit allem umzugehen, was mir da um die Ohren fliegt.«

Du schreibst den Text für deine Worte und
deine Gedanken. Es ist deine Entscheidung.

Aber wie schon vorher oft betont: Sei freundlich und verzeihend zu dir, wenn du Ausrutscher hast. Wir sind alle keine Roboter.

Auch wenn du alles daransetzt, deine Tage in fröhlichen Farben zu gestalten und die Sprech- und Denkblasen mit positiven Worten zu füllen, kann vieles schieflaufen. Die Bilder in den Kästchen im Comicbuch deines Lebens werden immer düsterer oder ein Kästchen ist völlig schwarz.

Es kann sogar geschehen, dass du umblätterst und auf dunkelgraue Seiten blickst. Vielleicht sind es zwei oder sogar drei oder vier. Dunkle Seiten sind in deinem Buch nicht zu vermeiden. Sie werden auftauchen. Es bringt wenig, sich davor zu fürchten oder krampfhaft zu versuchen, mit strahlenden Farben drüberzumalen. Die Farbe der Traurigkeit und des Scheiterns ist stärker.

Die Sticker im Comicbuch des Lebens

Allerdings liegen deinem Comicbuch auch Stickerbögen bei. Darauf findest du verschiedene Aufkleber mit Gedanken und Sprüchen, die hilfreich sein können. Klebe diese Sticker auf die dunklen Seiten.

Es gibt Sticker mit der Aufschrift:

Auch das geht vorbei!

Für mich ist das einer der hilfreichsten Sprüche überhaupt. Er tröstet und beruhigt und gibt Hoffnung. Allerdings kannst du diese Sticker auch für Bilder verwenden, die dir besonders fröhlich erscheinen. Denn auch diese Zeiten gehen vorbei und es ist gut, sich zu erinnern, das Genießen nicht auf irgendwann zu verschieben, sondern es jetzt zu tun.

In einigen Kästchen könnten kleine oder größere menschliche Ungeheuer auftauchen, die kreischen und schimpfen. Du kannst dich gerne darüber aufregen. Ein kleiner Wutausbruch in der Sprechblase und grimmiges Grübeln danach in der Denkblase.

Oder aber du greifst zum nächsten Sticker mit der Aufschrift:

Ist es mir das wert?

Ist es dir das wert, ein ganzes Kästchen deines Lebenscomics mit Wut zu versauen? Oder richtest du nach einem verständlichen kleinen Wutausbruch deinen Blick wieder auf etwas Erfreulicheres?

Bild für Bild entsteht der Comic deines Lebens und du kannst den überwiegenden Teil aktiv gestalten.

Blättere in deinem Lebensbuch zurück

Manchmal ist es gut, im Comicbuch deines Lebens ein wenig zu blättern und nachzulesen, was du alles erlebt und geschafft hast. Sieh dir an, welche Grundstimmung dein Buch insgesamt hat. Ist sie so, wie du sie gerne hättest? Oder ist sie zu dunkel? Sind die Bilder manchmal zu leer? Hättest du gerne mehr Details oder Personen?

Gefällt dir der Inhalt deiner Sprech- und Denkblasen im Großen und Ganzen? Kannst du etwas verbessern für die Zukunft?

Keine Angst, Kapitel abzuschließen

Manchmal wirst du vielleicht entscheiden, ein Kapitel schneller abzuschließen, umzublättern und ein neues zu beginnen. Der Grund kann eine Person sein, die deine Bilder immer wieder zerstört. Oder du hast einen Stil für die Zeichnungen gewählt, der dir nicht mehr gefällt. Wieso solltest du in einem falschen Stil weitermachen oder dich ständig über hässliche Bilder ärgern?

Wichtig ist, einen guten Weg zu finden, so ein Kapitel abzuschließen. Wenn ein Teil der Seite leer bleibt, ist das in Ordnung.

Weiterzublättern, obwohl das Kapitel nicht zu einem Ende gebracht wurde, ist genau so wie im Leben einfach davonzulaufen. Es macht niemals dauerhaft glücklich.

Pläne sind wie Haftnotizen

Pläne und Wünsche kannst du auf Haftnotizen schreiben. Am besten, du versiehst sie mit Fotos, Zeichnungen oder Verzierungen, weil ihnen das Energie gibt, die bei der Erfüllung helfen kann.

Klebe deine Haftnotizen an die Stellen in dein Buch des Lebens, an denen die Pläne und Wünsche verwirklicht und umgesetzt sein sollen.

Es gibt einen Grund, wieso du Haftnotizen verwendest. Es lohnt sich zu prüfen, ob die Zettel nicht zu weit in der Zukunft angebracht sind. Das gilt nicht nur für große Vorhaben wie Reisen, die Suche nach einer neuen Wohnung oder die Gestaltung des Raumes rund um dich, des Balkons oder Gartens. Wenn du vorhast, ältere Verwandte zu besuchen oder anzurufen, einem Menschen etwas Liebes zu sagen, ein Geschenk zu machen, dann lohnt es sich zu überlegen, ob die Zettel nicht zu viele Seiten weit vorne kleben.

Wieder einmal ist die Corona-Krise ein gutes Beispiel dafür, wie unerwartet und schnell alle unsere Vorhaben auf den Kopf gestellt werden können. Auch wenn Corona eine Erschütterung der Welt ist, wie sie seit dem Zweiten Weltkrieg nicht vorgekommen ist, so gibt es so viele andere Dinge, die uns im Leben dazwischenkommen können.

Ich habe in Tirol »Halb-Großeltern«, wie ich sie nenne. Sie sind beide Anfang achtzig und in der Familie, in der ich wie ein Mitglied aufgenommen worden bin, gelten sie als die Großeltern, daher auch für mich.

Mein Halb-Großvater ist jeden Tag Walken gegangen, hat Sudoku gelöst, mit Freude im Garten gearbeitet, Zither gespielt und das Leben genossen. Er war ein lebensfroher Mann mit weißen Haaren, der Frische und Gesundheit ausgestrahlt hat.

Ende Februar, nachdem er einen wunderbaren Vormittag verbracht hatte, kam er nicht pünktlich zum Nachmittagskaffee, was sehr untypisch für ihn war. Meine Halb-Großmutter hat ihn in seinem Glashaus im Garten gefunden. Er lag dort auf dem Boden, hat ausgesehen, als würde er schlafen, war aber tot.

Er muss im Bruchteil einer Sekunde gestorben sein. Gnädig für ihn, ein Schock und großer Verlust für uns alle.

Im September davor haben wir ein Familienfest gefeiert, bei dem alle Familienmitglieder anwesend waren. Damals haben wir das letzte gemeinsame Foto von uns allen gemacht. Es freut mich so sehr, dass ich damals extra für das Fest nach Tirol gereist bin. Ich hatte viel in Wien zu tun und die Zeit war knapp. Was für ein Glück, dass ich diese Reise nicht in die Zukunft verschoben habe. Es täte mir sehr leid, das Fest versäumt zu haben. So bleibt es unvergesslich.

Keiner von uns hätte sich damals vorstellen können, dass so kurze Zeit später und so völlig unerwartet ein Familienmitglied fehlen würde. Aber solche Ereignisse gehören zum Leben genauso dazu wie all die Freude, die wir erleben können.

Du verstehst nun sicher, wieso Pläne und Vorhaben im Buch deines Lebens auf Haftnotizen geschrieben werden. Überprüfe, ob du sie vielleicht weiter vorne, in der näheren Zukunft, einkleben kannst. Wir wissen nie...

Die Rückseite deines Lebensbuches

Wie suchst du nach einem Buch, wenn du in die Buchhandlung gehst und nicht genau weißt, was du nehmen sollst?

Wahrscheinlich streifst du an den Tischen und Aufstellern entlang und siehst dir einmal an, was da so alles liegt und steht. Springt dir ein Titel ins Auge, greifst du nach dem Buch und drehst es um.

Auf der Rückseite steht ein kurzer Text, der neugierig machen soll. Es ist eine Kostprobe, ein Köder, damit du anbeißt und das Buch kaufst. In Verlagen wird viel Zeit für das Verfassen dieser Text verwendet. Das gleiche gilt für die Texte auf den Klappen des Schutzumschlags.

Wie könnte ein Text auf der Rückseite deines Buches lauten?

Was macht neugierig auf dich und
dein Leben, weil es speziell ist?

Wie kannst du dich in wenigen Worten beschreiben? Die Überlegung, was du hinten auf dein Buch schreiben möchtest, kann hilfreich sein, wenn du im Leben ein wenig anstehst.

Wie wünscht du dir dein Leben? Wie möchtest du persönlich sein und erscheinen?

Was könnte man auf den Buchrücken drucken über dich und deine Vorhaben?

Eine Redensart sagt: In der Kürze liegt die Würze. Kondensiere deine Ideen über dich und dein Leben, mach ein Konzentrat daraus. Finde eine Formulierung, die sich für dich gut anfühlt, die dich aufmuntert und wie ein Kraftspruch klingt.

Sage dir diese Zeilen oft vor, sie können ein Mantra werden.

Auf meinem Buchrücken könnte derzeit stehen:

Tom Storyteller – das Leben als Abenteuer.
Voller Freude auf der Suche nach
neuen Geschichten für alle Altersklassen.

Deine Fortsetzungsbände

Vielleicht willst du im Moment nur einen Band deines Lebensbuches gestalten, der ein Jahr beinhaltet.

Hast du eine Idee, wie die Titel der Fortsetzungsbände lauten könnten? Was hättest du gerne? Was klingt für dich verlockend? Du kannst dir mit ein paar starken Worten selbst Lust darauf machen.

Mein Fortsetzungsband wird wahrscheinlich heißen:

Tom Storyteller – Überraschungen für mich
selbst und alle, die meine Geschichten hören
wollen. Treffen der ganz besonderen Art beginnen.

Das Comicbuch deines Lebens widme dem Glück. Das Glück mag Klarheit und Visionen, die sich so lebendig in deinem Kopf anfühlen, als wären sie schon Wirklichkeit. Aus diesem Grund ist das Zeichnen und Schreiben deines Comicbuchs im Kopf eines der Geheimnisse des Lebensglücks.

P.S.: Wenn du Comics nicht so schätzt, dann kannst du gerne auch literarische Werke über dein Leben verfassen. Die Regeln dafür sind gleich. Statt Sprech- und Denkblasen verfasse innere und äußere Monologe und Dialoge und beschreibe alles andere so bildhaft und lebendig, wie du nur kannst.

Das 7,7. Geheimnis

STOPP!

*Falls du die anderen Geheimnisse noch nicht
gelesen hast, blättere nicht um. Notiere höchstens,
wie große deine Neugier ist auf einer Skala von 0 bis 10.
Erst lesen, wenn du alle anderen Geheimnisse kennst.*

Das 7,7 Geheimnis ist bla bla bä plupper kla bubaba lärf kdsmij dsdoinrd dsmfljor flf asöfje smd f lksdfjoef lkndf d sdfld dsmfks und smf lmslfkja bla bla bä plupper kla bubaba lärf kdsmij dsdoinrd dsmfljor flf asöfje smd f lksdfjoef lkndf d sdfld dsmfks und smf lmslfkja bla bla bä plupper kla bubaba lärf kdsmij dsdoinrd dsmfljor flf asöfje smd f lksdfjoef lkndf d sdfld dsmfks und smf lmslfkja bla bla bä plupper kla bubaba lärf kdsmij dsdoinrd dsmfljor flf asöfje smd f lksdfjoef lkndf d sdfld dsmfks und smf lmslfkja

bla bla bä plupper kla bubaba lärf kdsmij dsdoinrd dsmfljor flf asöfje smd f lksdfjoef lkndf d sdfld dsmfks und smf lmslfkja bla bla bä plupper kla bubaba lärf kdsmij dsdoinrd dsmfljor flf asöfje smd f lksdfjoef lkndf d sdfld dsmfks und smf lmslfkja

bla bla bä plupper kla bubaba lärf kdsmij dsdoinrd dsmfljor flf asöfje smd f lksdfjoef lkndf d sdfld dsmfks und smf lmslfkja bla bla bä plupper kla bubaba lärf kdsmij dsdoinrd dsmfljor flf asöfje smd f lksdfjoef lkndf d sdfld dsmfks und smf lmslfkja

bla bla bä plupper kla bubaba lärf kdsmij dsdoinrd dsmfljor flf asöfje smd f lksdfjoef lkndf d sdfld dsmfks und smf lmslfkja

bla bla bä plupper kla bubaba lärf kdsmij dsdoinrd dsmfljor flf asöfje smd f lksdfjoef lkndf d sdfld dsmfks und smf lmslfkjabla bla bä plupper kla bubaba lärf kdsmij dsdoinrd dsmfljor flf asöfje smd f lksdfjoef lkndf d sdfld dsmfks und smf lmslfkja bla bla bä plupper kla bubaba lärf kdsmij dsdoinrd dsmfljor flf asöfje smd f lksdfjoef lkndf d sdfld dsmfks und smf lmslfkja bla bla bä plupper kla bubaba lärf kdsmij dsdoinrd dsmfljor flf asöfje smd f lksdfjoef lkndf d sdfld dsmfks und smf lmslfkja bla bla bä plupper kla bubaba lärf kdsmij dsdoinrd dsmfljor flf asöfje smd f lksdfjoef lkndf d sdfld dsmfks und smf lmslfkja

bla bla bä plupper kla bubaba lärf kdsmij dsdoinrd dsmfljor flf asöfje smd f lksdfjoef lkndf d sdfld dsmfks und smf lmslfkja bla bla bä plupper kla bubaba lärf kdsmij dsdoinrd dsmfljor flf asöfje smd f lksdfjoef lkndf d sdfld dsmfks und smf lmslfkja

bla bla bä plupper kla bubaba lärf kdsmij dsdoinrd dsmfljor flf asöfje smd f lksdfjoef lkndf d sdfld dsmfks und smf lmslfkja,bla bla bla bä plupper kla bubaba lärf kdsmij dsdoinrd dsmfljor flf asöfje smd f lksdfjoef lkndf d sdfld dsmfks und smf lmslfkja

bla bla bä plupper kla bubaba lärf kdsmij dsdoinrd dsmfljor flf asöfje smd f plupper kla bubaba lärf kdsmij dsdoinrd dsmfljor flf asöfje smd f lksdfjoef lkndf d sdfld dsmfks und smf lmslfkja bla bla bä plupper kla bubaba lärf kdsmij dsdoinrd dsmfljor flf asöfje smd f lksdfjoef lkndf d sdfld dsmfks und smf lmslfkja

bla bla bä plupper kla bubaba lärf kdsmij dsdoinrd dsmfljor flf asöfje smd f lksdfjoef lkndf d sdfld dsmfks und smf lmslfkja

Falls du diesen Nonsens wirklich bis hierher gelesen hast, meine Hochachtung. Du musst Nerven haben!

Warnung. Das 7,7. Geheimnis wird auf den nächsten Seiten beschrieben, aber du solltest es dir wirklich für den Schluss aufheben.

Der große Feind von Glück und Freude

Dieses Geheimnis habe ich bewusst nicht einfach das achte Geheimnis des Glücks genannt.

7,7 klingt rätselhafter und macht neugierig. Außerdem ist es ein Geheimnis des Glücks, das dich jeden Tag begleiten soll. Die Zahl 7,7 ist einfacher zu merken als eine »normale« Zahl. Ich hoffe, sie fällt dir immer ein, wenn du eine sehr spezielle Rüstung gegen eine zerstörerische Kraft brauchst.

Das 7,7. Geheimnis des Glücks ist das wichtigste Mittel, um einen seiner größten Feinde schachmatt zu setzen.

Liebesglück und Lebensfreude sind in Gefahr, wenn sie in die Mühlen des Alltags geraten.

Der Alltag besitzt zwei dieser schweren runden Steinscheiben, die sich langsam drehen und alles zu Staub zerreiben, was dazwischengerät.

Alltag schneidet die Spitzen der Lebenslust ab, wie eine elektrische Heckenschere die obersten Triebe. Der Alltag vergiftet auch den Boden und die Wurzeln und lässt in Folge Blätter und Blüten verdorren.

Beziehungen zwischen zwei Menschen, die zu Beginn so aussichtsreich und dynamisch erschienen sind, können vom Alltag ausgelaugt werden, wie bunte Kleidungsstücke vom falschen Waschmittel.

Eine neue Stelle im Beruf, die verlockend und herausfordernd gewirkt hat, macht der Alltag eintönig und langweilig.

Dein Glück wird vom Alltag bedroht, wie von einem grauen Ungeheuer. Der Alltag ist ein Schatten, in dem alles erfriert und verdorrt.

Ich hoffe, ich habe ihn dramatisch genug geschildert, sodass du alles tun wirst, um diese Gefahr abzuwehren.

Die gute Nachricht: du musst dafür weder als Superheldin agieren, noch als Retter das Schwert schwingen. Es gibt drei Dinge, die dich gegen die zerstörerische Kraft des Alltags schützen wie eine Rüstung.

Die Rüstung gegen den Alltag

Bein- und Armschützer der Neugier und der Interessen

Das ganze Leben ist Bewegung. Damit ist nicht Herumrennen und Gehetze gemeint, sondern ein interessiertes Um-dich-Sehen. Die Bewegung, die im Leben weiterbringt, ist ein langsames, konzentriertes Schleichen, wie ein Tiger durch den Dschungel.

Die Augen offen und der Blickwinkel nach allen Seiten weit gehalten, um so viel wie möglich zu sehen.

Die Ohren aufgerichtet und Bereitschaft, sie in jede Richtung zu drehen, aus der ein interessantes Geräusch kommt.

Der Gang ist bestimmt, Fuß vor Fuß, aber in einem Tempo, in dem dir nichts entgeht. Du kannst jede Regung wahrnehmen und sofort reagieren, wenn das angebracht ist. Du bewegst dich also mit höchster Wachsamkeit, geschmeidig, aber ohne Eile.

Als Arm- und Beinschützer der Rüstung gegen den Alltag empfinde ich die Neugier und das Interesse.

Unter Neugier verstehe ich nicht das Bedürfnis nach Tratsch und intimen Geheimnissen anderer, sondern eben Interesse an allem, was sich tut und was es Neues gibt.

Eine Beobachtung, die ich bei allen älteren Menschen gemacht habe, die ein erfülltes Leben haben, ist die niemals enden wollende Neugier auf alles, was sie kennenlernen und erlernen können. Glückliche Menschen stellen Fragen voller echtem und ehrlichem Interesse.

Neugier und Interesse öffnet viele Türen zu Wissen und zu Menschen. Im Laufe der Zeit können sich auf diese Weise neue Wege zum Glück erschließen.

Wer denkt, schon alles zu wissen und zu kennen, der erstarrt und das ist das Gegenteil von Leben. Entwicklungen, egal auf welchem Gebiet, können viel Nützliches bieten, wenn du mehr darüber erfährst. Das ist aber nur durch Nachlesen, Nachschauen und Nachfragen möglich.

Bleibe immer in deinem Interesse wach und in Bewegung, so wie das deine Beine und Arme tun sollen. Aus diesem Grund sehe ich Neugier und Interesse auch als Arm- und Beinschützer der Rüstung gegen den Alltag.

Der Brustpanzer der Leidenschaft

Es gibt ein Kraftwerk, das unsere Aufmerksamkeit benötigt, um immer weiter Energie zu liefern. Das Kraftwerk ist in der Liebe zu finden, im Beruf und in jedem Hobby. Sein Name lautet: Leidenschaft.

Das deutsche Wort trifft eigentlich nicht die Kraft, die Leidenschaft hat. Es klingt nach Leiden, das geschaffen wird, aber das ist natürlich nicht gemeint.

Im Englischen ist das Vokabel Passion. Passion klingt energiegeladen und wie das Brennen für eine Sache. Genau das soll Leidenschaft auch sein.

Sätze, die öfters zu hören sind, lauten:

»Aus unserer Beziehung ist einfach die Leidenschaft draußen. Daher ist mir auch der Seitensprung passiert.«

»Wie soll ich Leidenschaft für einen Job aufbringen, den ich jeden Tag tun muss, um meine Rechnungen zu bezahlen?«
»Am Anfang hatte ich viel mehr Leidenschaft für die Sportart oder den Garten, aber das Training ist so mühsam und die Arbeit das ganze Jahr lang anstrengend.«

Leidenschaft ist – finde ich – nichts, das vom Himmel fällt und uns einmal trifft und ein anderes Mal nicht.

Leidenschaft ist etwas, das in unserer Herzgegend wächst. Dort kann nicht alles sprießen und gedeihen, es muss sich um Tätigkeiten oder Beziehungen handeln, die unser Herz berühren.

Das Herz wird von manchen als kitschiges Symbol gesehen, für mich aber ist es viel mehr. Es ist ein Organ, das uns nicht nur mit dem lebensnotwendigen Blut versorgt, sondern darüber hinaus besondere Formen von Energie erzeugen kann: Liebe und Leidenschaft.

Leidenschaft ist ein Kinderspiel

Das beste Beispiel für Leidenschaft sind Kinder, die völlig in ein Spiel versinken.

Sie sitzen und spielen oder bauen, sie vergessen auf alles rund um sich, oft auch auf Essen und Trinken. Ihre Aufmerksamkeit ist nur ihrer Tätigkeit gewidmet, die sie erfüllt und glücklich macht.

Spielende Kinder sind im Flow, wie das auch genannt wird. Für Erwachsene, die sich im Flow befinden, verfließen die Minuten und Stunden ihres Lebens, die sie mit einer bestimmten Tätigkeit verbringen. Sie verlieren den Zeitbegriff. Selbstverständlich werden sie müde, aber sie werden sich nie erschöpft fühlen.

Spielende Kinder fallen irgendwann vor Müdigkeit um, sie erleiden aber kein Burnout und klagen nicht über Stresssymptome.

Es ist ein großes Glück, Tätigkeiten zu haben, die du mit Leidenschaft ausführst, in die du versinkst und die dich tief befriedigen.

Manche Hobbys betreibt man ein Leben lang, andere nur eine gewisse Zeit. Dann wird die Leidenschaft dafür schwächer oder sie erlischt völlig. Es kann daran liegen, dass du alles, was herauszufinden und zu probieren war, getan hast. Du kannst dich auch weiterentwickelt und neue Interessen gefunden haben. Bei Hobbys sehe ich keinen Grund, dir Vorwürfe zu machen, wenn die Leidenschaft gegangen ist. Besser ist es, du suchst dir eine neue Freizeitbeschäftigung, die dich reizt.

Leidenschaft in der Arbeit

Es gibt Zeiten im Leben, da müssen wir Arbeiten annehmen, die wir nicht unbedingt tun wollen. Sie bringen uns das benötigte Einkommen und auch wenn sie uns nicht mit Leidenschaft erfüllen, so macht es dein Leben wesentlich einfacher, sie ohne Widerwillen auszuführen.

Es gibt einen Spruch, der mir an dieser Stelle einfällt:

Glücklich ist, wer tun kann, was er tun will.
Und tun will, was er tun kann.

Sein Geld auf eine Art zu verdienen, die mehr Leidenschaft bedeutet als »Arbeit«, ist einer der größten Glücksfälle im Leben. Dabei kommt es nicht unbedingt auf die »Wertigkeit« der Tätigkeit an. In der Forschung für neue Medikamente zu arbeiten kann genauso leidenschaftlich betrieben werden und erfüllend sein, wie Waren in einem Geschäft zu verkaufen.

Keine Arbeit ist immer nur erfreulich, alle
haben ihre Anstrengungen, Herausforderungen,
Widrigkeiten und einiges an Mühsal.

Selbst in Traumberufen kann es Enttäuschungen geben. Du kannst dich überanstrengen, zu müde werden, Kollegen können nerven oder deine Vorgesetzten können wechseln und auf einmal genießt du nicht mehr die Wertschätzung der Vorgänger. Ausruhen und im Urlaub Abstand zur Situation bekommen, kann schon einmal helfen und Klarheit schaffen.

Leidenschaft für deine Arbeit zu behalten, ist weiterhin möglich. Schließlich ist es die Tätigkeit, die dich begeistert. Das Drumherum ist eine Begleiterscheinung. Damit die Leidenschaft bleibt, musst du dich fragen, ob du die aufgetretenen Probleme lösen kannst, einfach durchhalten musst oder eine andere Stelle im selben Berufsfeld suchen sollst.

Die Freude an deiner Arbeit gilt es zu schützen. Sie ist das Gold des Lebensglücks.

Leidenschaft braucht Pflege

Bei der Beziehung zweier Menschen kann die große Leidenschaft des Anfangs abnehmen. Ist sie deshalb aber verschwunden?

Meine Beobachtung lautet: Nein.

Die Verliebtheit der ersten Wochen und Monate wird nicht ewig bestehen. Sie dient dazu, einander näherzukommen und kennenzulernen.

Es ist ein bisschen so, wie das Einrichten eines Zimmers oder einer Wohnung: Das Auswählen macht Freude, der Zusammenbau und das Aufstellen der Möbel auch. Wenn aber alles an seinem Platz steht, kann eine gewisse Leere eintreten.

Trotzdem wird das Wohnen bald schon viel Freude bedeuten.

Der Leidenschaft des Kennenlernens muss die Leidenschaft des Beziehungsaufbaus folgen. Steht die Beziehung auf festen Beinen, wird sogar geheiratet, so ist die nächste Herausforderung, die Leidenschaft immer wieder zu erfrischen.

Das Gefühl von Verliebtheit entsteht neu, wenn wir den anderen Menschen in unserem Leben mit liebenden, wertschätzenden Augen betrachten.

Die Macken und Eigenarten, die uns im Alltag aufregen, sollen besprochen und so weit wie möglich geregelt werden. Manchmal müssen sie einfach akzeptiert werden. Darüber hinwegsehen ist das einzige, was hilft.

Die wunderbaren Seiten aber, die der andere Mensch zu bieten hat, die willst du immer wieder von neuem bewundern und schätzen.

Einander zu überraschen fördert die Leidenschaft und hält sie frisch. Es müssen keine großen Geschenke sein, kleine Aufmerksamkeiten zählen oft viel mehr. Ein gelungenes Geschenk bedeutet: Ich sehe, wer du bist. Eine Portion des Lieblingseis, am Abend mitgebracht, ist eine wahre Erfrischung nach einem anstrengenden Tag.

Gemeinsame Ziele und Vorhaben und ein gemeinsamer Lebenszweck verbinden und schaffen immer wieder neue Leidenschaft. Dieses Projekt läuft ein Leben lang und braucht immer wieder Anpassung und Veränderung.

Leidenschaft zu erhalten und immer
wieder zu erneuern braucht einiges an Kraft.

Natürlich ist es viel einfacher, sich von neuem zu verlieben, da in dieser Rosarote-Brille-Zeit vieles wie von selbst abläuft. Aber diese Zeit macht nicht auf Dauer glücklich, das Leben mit einem Herzensmenschen, einem Seelenverwandten, der bester Freund oder beste Freundin ist, aber schon.

Beziehungen sind kein Hobby, sondern eine ernste Sache. Willst du Romantik und Verliebtheit bis an dein Lebensende erleben, setze alles dran, dass du für den anderen Menschen interessant bleibst und ausdrückst, wie viel Wertschätzung und Liebe du für ihn oder sie besitzt.

Viel zu schnell werden Beziehungen aufgegeben. Immer wieder passiert es, dass Paare nach Jahren wieder zusammenkommen, weil sie einsehen, dass ihr gemeinsames Leben doch viele schöne Seiten haben kann.

Der Helm der Rüstung gegen den Alltag

Schlechte Entwicklungen, die schleichend kommen und die du übersiehst, sind in allen Bereichen des Lebens gefährlich. Sie beginnen leise, können sich im Laufe der Zeit aber summieren und in einem Knall entladen.

Für neue Interessen und für die Pflege deiner Leidenschaft benötigst du Aufmerksamkeit. Das ist das bewusste Sehen, Hören und Empfinden.

Ein kleines Nagen der Unzufriedenheit kannst du schnell abstellen, wenn du genau hinsiehst, was die Ursache dafür ist. Wenn dich eine Gewohnheit des anderen Menschen in deiner Beziehung nervt, ist es wichtig, sie zu erkennen und liebevoll zu besprechen. Darüber hinwegzusehen, davon aber trotzdem gereizt zu werden, ist wie ein steter Tropfen, der das sprichwörtliche Fass eines Tages zum Überlaufen bringt.

Wir bewegen uns unaufhaltsam immer weiter auf dem Weg unseres Lebens.

Aufmerksam die eigenen Bedürfnisse und
die Bedürfnisse der Menschen rund um dich
zu beobachten und zu erkennen, kann dir
helfen, auf einer glücklichen Bahn zu bleiben.

Fehlende Aufmerksamkeit kann dazu führen, dass sich Partner eines Tages ansehen wie Fremde und die Frage stellen: »Was ist aus uns geworden?« Selbst dann ist nicht alles zu spät, wenn beide bereit sind, sich dafür zu interessieren, wie sie neue Leidenschaft entfachen können.

Um in deinem Beruf glücklich zu bleiben, musst du ebenfalls aufmerksam alle Entwicklungen verfolgen. In deinem Arbeitsumfeld, in deiner Branche, aber genauso in dir.

Das zu tun soll keine lästige Pflicht sein, sondern ein bewusster Entscheid, etwas für dein Glück zu machen und es nicht vom Alltag zermahlen zu lassen.

Der Helm, der deinen Kopf schützt, hat aber noch eine andere symbolische Bedeutung:

Sieh dich als den Kopf, als die höchste Instanz in deinem erwachsenen Leben. In den sieben Geheimnissen habe ich dir geschildert, wie du dein Glück in die Hand nehmen und wie du glücklichen Fügungen und Wünschen den Weg ebnen kannst. Dazu aber braucht es eben dich als Kopf, der das auch wirklich tun will.

Fühle das Gewicht und den Druck der Rüstung. Sie sollen dich daran erinnern, dass du mit Aufmerksamkeit und Achtsamkeit, mit Neugier, Interesse und Leidenschaft dem kalten Wind des Alltags und seiner zerstörerischen Kraft trotzen kannst.

Bevor ich mich verabschiede

In meinem eigenen Leben hat es einige heftige Erschütterungen gegeben. Die 7,7 Geheimnisse, die ich im Laufe der Jahre erkannt habe, waren aber wichtige Begleiter, Helfer und manchmal sogar Retter. Ich gebe hier gerne zu, dass ich manchmal nicht mehr an sie geglaubt habe oder sogar auf sie vergessen habe.

Es gibt Zeiten, da stehen wir mit dem Gesicht zur Wand oder meinen, in einem stockfinsteren Keller zu sitzen und keinen Ausweg mehr zu erkennen.

Das aber ist ein Irrglaube.

Ein Lebenskönner ist ein Mensch, der es schafft,
sein Leben in jeder Lage bestmöglich zu gestalten.

Unvergesslich ist für mich Randy Pausch, ein Wissenschaftler und Vater aus den USA, der die niederschmetternde Diagnose erhalten hat, nur noch wenige Monate zu leben, da er an Pankreaskrebs erkrankt war. Dieser Mann hätte in tiefste Verzweiflung versinken und einfach aufgeben können, aber er hat genau das Gegenteil getan.

Es war ihm das größte Anliegen, seinen drei kleinen Kindern später einmal Antwort geben zu können, worauf es im Leben wirklich ankommt. Er war Professor für Computerwissenschaften und hat in seinem letzten Vortrag an der Uni darüber gesprochen, wie er seine Kindheitsträume erfüllen konnte.

Er wollte Schwerelosigkeit erleben und hat es tatsächlich in ein NASA-Programm geschafft. Sein Wunsch, Captain Kirk zu werden, ging nicht in Erfüllung, er hat ihn deshalb umgewandelt in den Wunsch, William Shatner, den Darsteller von Captain Kirk, zu treffen. Auch das hat er geschafft, da Shatner ein Buch über die Technik hinter Star Trek geschrieben hat und Randy Pausch um Rat bat.

Pausch hat auch darüber geredet, wie erfüllend und wichtig es ist, anderen Menschen zu helfen, ihre Träume umzusetzen. Er selbst wollte über seinen Tod hinaus für seine Kinder ein Vorbild bleiben, ihre Träume in die Tat umzusetzen, so wie es ihm gelungen war, und andere zu unterstützen, das gleiche zu tun.

Der Vortrag wurde ein Buch, das zwei Jahre lang an der Spitze der *New York Times*-Bestsellerliste stand, und hat sich millionenfach verkauft.

Meine Bewunderung für diesen Mann ist grenzenlos und ich bin nicht sicher, ob ich in seiner Lage diese Energie, Klarheit und Bestimmtheit aufgebracht hätte.

Der Mann hat nicht nur seinen Kindern eine wichtige Botschaft hinterlassen, sondern einer großen Anzahl an Leuten Mut gemacht. Die finanziellen Erlöse des Buches[1] haben der Familie nach seinem Tod sehr geholfen.

Selbst im Angesicht seines Lebensendes hat Randy Pausch dem Glück alle Chancen gegeben. Er wusste, was er wollte. Er hat nicht gewartet, er hat die Schätze seiner Erfahrung zusammengefasst und einen Glücksgarten ge-

---

1 Randy Pausch, The last Lecture, 2008

staltet. Aber auch alle anderen Geheimnisse des Glücks hat er gekannt und sie sehr gekonnt eingesetzt. Das Ende seines Lebens war unausweichlich, aber auf diese Weise konnte er in Frieden gehen und mit dem tiefen Gefühl, viel Gutes in die Welt gesetzt und seine Familie in jeder Hinsicht unterstützt zu haben.

Wir alle werden von den Folgen der Corona-Krise noch längere Zeit betroffen sein. Manche kommen glimpflich davon, andere kämpfen mit schweren wirtschaftlichen Erschütterungen und Notlagen.

Das Leben wird nicht bald wieder so sein, wie es war. Vielleicht sogar nie. Aber wollen wir nach einem so heftigen Einschnitt wirklich wieder dorthin zurück, wo wir waren?

Klarerweise gilt es für viele nun, die wirtschaftliche Basis ihrer Existenz wiederherzustellen und dafür Hilfe zu bekommen.

Was aber in jedem Fall bleibt, ist die Frage, wie wir das Buch unseres Lebens weitergestalten wollen, vielleicht sogar müssen?

Was haben wir aus den Erfahrungen der Krise gelernt, das uns zu einem erfüllteren Leben verhelfen kann?

Was waren vor der Krise unsere Unzufriedenheiten? Welche spüren wir jetzt?

Welche Erkenntnisse haben die Ausgangsbeschränkungen im Zusammenleben mit anderen Menschen aus unserem engeren oder weiteren Kreis gebracht?

Was macht – wenn die wirtschaftliche Existenz stabilisiert ist – wirklich glücklich? Wie können wir einen Zustand im Leben herstellen, der uns Lebensfreude, Erfüllung und Zufriedenheit bringt?

Ich hoffe, die 7,7 Geheimnisse des Glücks beinhalten einiges, das dir auf deinem Weg helfen kann. Sie sind Begleiter, die in Situationen hilfreich sind, wenn es nicht weitergeht. Sie helfen, Klarheit zu finden und etwas, das mir wichtiger denn je erscheint: Lebensmut.

Wir haben nur ein Leben.

Auch wenn uns das Schicksal beutelt, liegt es an uns, dieses Leben bestmöglich zu gestalten.

Wenn wir ein leichtes oder heftigeres Gefühl der Unzufriedenheit haben, sind wir aufgerufen etwas zu tun, damit wir zufriedener und glücklicher werden.

Ich wünsche dir aus ganzem Herzen, dass du viele neue Glücksmomente findest.

Glaube daran, dass es möglich ist.

Tu den Bestes dafür.

Herzlichst

Bewerte dein Glück
- Teil 2

Hast du zu Beginn des Buches bewertet, wie glück-
lich sich dein Leben anfühlt? Auf welchen Wert bist
du gekommen? Er soll zwischen 0 und 10 liegen.

Nun, nachdem du die 7,7 Geheimnisse des Glücks kennst, bist du der Meinung, du wirst diesen Wert steigern können? (Falls das schon das Lesen um nur einen Zehntelpunkt geschafft hat, dann wäre ich überglücklich.)

Laut einer Umfrage, die einige Jahre zurück liegt, bewerten Menschen in Österreich ihren Glücksfaktor bei ungefähr 7,7. (Mich würde brennend interessieren, wo die glücklichen Menschen leben, die die weitaus niedrigeren Bewertungen der Wiener Jammerer ausgleichen ;-))
Österreich liegt mit dieser Wertung im oberen Feld weltweit. Deutschland, Frankreich und Großbritannien liegen dahinter, Skandinavien liegt darüber.

Mein persönlicher Glücksfaktor liegt seit fünf Jahren bei 9. Damit bin ich sehr zufrieden. Er schwankt an manchen Tagen aber auch deutlich nach unten, an anderen geht er dafür aber bis zu 9,9 hinauf.

Ich selbst bin nach wie vor ein Lehrling, was die 7,7 Geheimnisse des Glücks angeht. Aber wie heißt es so schön:

Übung macht den Meister.

Thomas Brezina

Tu es einfach und glaub daran

Wie du mehr Freude in dein Leben bringst

edition a

Thomas Brezina
Tu es einfach und glaub daran
Wie du mehr Freude in dein Leben bringst

Was können wir tun, wenn uns die Welt, in der wir leben, nicht mehr gefällt? Wie finden wir die Liebe, wenn wir einsam sind? Wie schaffen wir es, im Moment zu leben? Mit 40 Millionen verkauften Kinderbüchern prägte Thomas Brezina die Kindheit einer ganzen Generation. Seit zwei Jahren zeigt er auf Instagram und Youtube mit großem Erfolg, warum das Leben schön ist und wie wir unsere Träume verwirklichen können. Jetzt legt er seine positiven Botschaften von einem selbstbestimmten, freien und glücklichen Leben erstmals in Buchform vor.

272 Seiten, 20 €
ISBN 978-3-99001-284-0

THOMAS BREZINA

Die Freude Notfall Apotheke

21 DINGE, DIE BEI FREUDEMANGEL HELFEN

Joppy

edition a

Thomas Brezina
Die Freude Notfall Apotheke
21 Dinge, die bei Freudemangel helfen

Thomas Brezina wurde mit seinem ersten Sach-
buch für Erwachsene, »Tu es einfach und glaub
daran«, zu Österreichs Botschafter der Freude. Jetzt legt er eine bunte »Notfall-Apothe-
ke« für schwarze Tage vor. Mit 21 Vorschlägen
zum Ausprobieren. Schon die Lektüre macht
glücklich.

160 Seiten, 17 €
ISBN 978-3-99001-310-6